Повести и рассказы

Юрий Тынянов

Повести и рассказы

Copyright © 2022 Indo-European Publishing

ISNB: 978-1-64439-705-3

СОДЕРЖАНИЕ

ГРАЖДАНИН ОЧЕР

1

Для того чтобы писать о Пушкине, я читал его жизнь по его стихам. Один черновой отрывок поразил меня:

> О страх, о горькое мгновенье
> О... когда твой сын
> Упал сражен и ты один
> Забыл и славу и сраженье
> И предал славе ты чужой
> Успех достигнутый тобой.

и больше ничего.

Так печаталось во всех изданиях.

Кто это?

Отец и сын, вместе сражающиеся. И горькое мгновенье, которое поразило поэта. О ком, о чем эти стихи? Быть может, это о древних героях, о богатырях? И чужая слава, другой богатырь враждебный? Нет, эти стихи были слишком живы, в них чувствовалась близость временная или пространственная к поэту. Отец и сын были где-то близко.

И, изучая богатырей других — богатырей двенадцатого года, я, наконец, с полною ясностью обнаружил имя, еще пропускавшееся во всех изданиях. Я писал тогда о лицейских годах Пушкина. Имя, которое еще не было разгадано, — это было непрочтенное имя Строганова.

> О страх, о горькое мгновенье,
> О Строганов, когда твой сын
> Упал сражен, и ты один
> Забыл и славу и сраженье
> И предал славе ты чужой
> Успех достигнутый тобой.

Строганова хоронили с воинскими почестями во время окончания Пушкиным лицея.

А чужая слава, к которой Пушкин относился недружелюбно, был нелюбимый Пушкиным Воронцов. Горькое мгновенье — был трагический для Строганова конец сражения при далеком Краоне.

1

Помня стихи Пушкина, я посмотрел портрет Строганова. Он был удивительно красив, с тонким бледным лицом. Я стал читать о нем. "Дней Александровых прекрасное начало" — быть может, труднее всего для изучения. Век еще не нашел себя. Лицо Строганова было лицом этих дней. Это время нашло себя. Этот бледный человек еще умел ненавидеть. Ненависть его к Наполеону сделала его военным.

2

Мы читаем биографии людей. Мы любим их читать. Существуют ненаписанные биографии мест. Места связаны с людьми. Это связь крепкая, нерушимая. Об этом лучше всех ученых написал Лермонтов. В "Дарах Терека" — открытие. Река, сорная, дикая, бурная, любит девушку. Лермонтов писал не о любви отвлеченной. Так, именно так любят родину — ее любят как живую. Недаром места и люди меняются именами. Одно место Урала стало именем русского человека. Он сам назвал себя так в конце XVIII века. Он назвался так в Париже.

Французская революция слышала уральское имя, название. А потом — яростная борьба с Наполеоном, вторгшимся в русскую землю. Быть может, одно из самых своеобычных русских мест — уральское место Очер. Этим именем назвался этот человек. Это имя слышали французские якобинцы и русские генералы. Запомним это название, запомним имя: Очер.

У старика Строганова был дурной характер.

Он взял себе дурную привычку громко ворчать на императрицу за картами. Однажды, когда он играл с ней в экартэ и императрица пошла не так, как нужно, у императрицы зазвонил колокольчик. Прибежали фрейлины, и заглянул Храповицкий, секретарь. Императрица сказала им, указывая на Строганова:

— Он кричит на меня. Как бы ему не вздумалось драться.

Когда-то, при Алексее Михайловиче, Строгановы судились по особым законам, относящимся только до них. Екатерина со своим женским чутьем с ним не ссорилась. Она звала его кумом.

— Я с кумом боюсь одна быть. Он горяч.

Он сильно тягался с богатым монастырем из-за Усолья и, когда часть соляных богатств у него все же оттягали, перестал почитать церковную власть и стал богохулом.

2

— Святые отцы, соленые уши, — говорил он.

Он там не бывал затем, что и здесь солоно. Вообще же он жил как хотел в своем дворце, который ему построил Варфоломей Растрелли и которым он был доволен. Здесь он воспитывал сына и старался воспитать его так, чтоб никто не сказал, что он рос без матери. Поэтому он нанял к сыну воспитателем ученого француза Ромма. Он не хотел вмешиваться в воспитание, не считая это полезным, а также потому, что был занят другим. Как бы то ни было, сын Павел не был предоставлен самому себе. Ученый Ромм, большеголовый, малого роста, был действительно воспитатель суровый и крепкий. Побившись о заклад, что будет читать по-китайски через неделю, — выиграл. Воспитывался вместе с сыном еще один мальчик, Воронихин Андрей, мальчик строгий, молчаливый. Как он появился в этом доме, никому было не известно, а Ромм не спрашивал. Старик Строганов сказал Ромму, что он предназначил ему строить дома, потому что, кроме Растрелли, он в Петербурге по вкусу строителей домов не встречал. Выросши, он ему построит другой дом. Однажды появилась в доме женщина в темном синем кафтане, неторопливая. Звали ее Акулиной. Она ни о чем ни с кем не говорила. Видно было, что раньше она здесь бывала или даже жила, потому что комнаты знала, а на антресоли к Павлу и Андрею всходила легко и никого не спрашивая. Провела она здесь целый день. А когда собралась уходить, долго смотрела на Андрея широко раскрытыми глазами, и глаза эти вдруг заплыли слезами. Крупные слезы падали, а лицо было неподвижно. Перед уходом вдруг решилась: обняла его. И видно было, что не упустила ни одного его движения, жеста, все унесла с собою. А уходя, вдруг сунула Андрею из руки в руку пряник. И улыбнулась. Видно, так она улыбалась давно. И, не обернувшись, ушла.

Старик Строганов, как всегда, ничего не говорил ни о матери Павла, ни о матери Андрея Воронихина. — Esclavage, рабство, — спокойно сказал Ромм. Павел потупился. Ромм увидел, как он побледнел. Кто была Акулина, Ромм не спрашивал. Кто был отец Андрея и почему он (сам) здесь, нечего было спрашивать. Старик Строганов готовил себе архитектора. Андрей Воронихин чертил планы, рисовал довольно верно комнаты, плафоны растреллиевского дома, а как-то набросал портрет Ромма, его лицо без улыбки, его длинную блузу, в которой он ходил по утрам и давал им объяснения по математике. Потом Андрей приказал развесить

3

все картины, висевшие в комнате, и обозначил места. Старик не возражал, но и только.

Старик Строганов в эти дни был тревожен.

В Петербург внезапно приехал граф Калиостро. Старик, падкий на новости, слушал его предсказания и смотрел чудеса, им показываемые. Приехал Калиостро с очень красивой женой. Опыты его по превращению в золото всего, к чему он ни прикоснется, всех потрясали. Затем он объявил, что собирается строить, — ввиду того, что скоро последует конец света, — новый ковчег. Он собирался строить ковчег из пробкового дерева для спасения тех людей, которые этого захотят, а значит, и будут этого достойны. Ковчег из пробки, утверждал Калиостро, пристанет к месту где-то поблизости от Базеля. Строганов давал мудрецу на изыскания крупные деньги. Императрица Екатерина восстала и против ковчега и против опытов. Она осмеяла прибывшего в Санктпетербург спасителя в комедии, в которой вывела спасителя под именем Калифалжерстона, объединив в этом имени имена всех знаменитых мошенников. Она выслала Калиостро. Старик Строганов был этим недоволен. Но тут неожиданно заговорил Ромм. Он оказался яростным приверженцем взглядов императрицы, ее мнения о Калиостро, и, во всяком случае, он вполне одобрял его высылку. Он был ярый враг Калиостро. Проект спасения в пробковом ковчеге рассчитан на слабых. По мнению Ромма, из разновидностей врагов человечества всего опаснее слабые. Старик был поражен этим разговором. Впрочем, относительно золота, которое добывал Калиостро без всяких трудов из всех других металлов, например из меди, прикосновением рук превращая их в золото, Строганов тоже был невысокого мнения.

— Здесь чуда нет, — сказал он, — и у меня медь в золото превращается. — Он вспомнил о Кунгуре. Его медь быстро превращалась у него в золото и потом исчезала. Это круговращение ему надоело.

Сын Павел заботил его. Время теперь стало быстрее, недаром понадобился ковчег. Он попросил Ромма дать ему точное указание, что он намерен делать, как сына воспитывать и скоро ли думает он кончить это воспитание. Как бы время не перегнало. И Ромм ответил:

— Время никого перегнать не может. Опередить может только раз. Старику давно уже не нравилось это воспитание. Его споры с сыном все учащались. Они не то чтоб спорили, но почти не говорили друг с другом, тихо, ощерясь, выжидая. Бледное, тонкое лицо Павла было неподвижно. Старик начинал пугаться сына. Он его не понимал. Мальчик воспитывался без матери — ее дурное поведение, всем известное, вызвавшее толки, ставшее известным императрице, было причиной этого. Он как чумы боялся разговора о чувствах. Поэтому он и нанял воспитателем Ромма. Ромм сказал ему, что чувство воспитывать не берется, да это вряд ли и возможно, а берется сопровождать Павла до тех пор, пока не воспитает в нем разума. Разум — закон — справедливость. Так называемые чувства могут воспитать маркизы, а он, Ромм, для этого прост. Он математик, и самое краткое расстояние между двумя точками есть линия прямая. После предварительного обучения надлежит путешествовать и осмотреть места, с которыми Павел будет связан, наконец, поехать за границу на четыре года. Он был недоволен Павлом и сказал Ромму:

— Мальчик не имеет чувства меры. Как, впрочем, и другие. Но Ромм, удивленный тем, как побледнел Павел, когда он сказал о рабстве при уходе Акулины, сказал Павлу: "Катон брал в воины только тех, кто от гнева краснеет. Он не принимал в военное звание тех, кто от гнева бледнеет. Вы сегодня побледнели. Итак, вы не бледнеете от гнева или не будете воевать. Катон это знал: он сам воевал".

3

Ямщик гнал. Они неслись по незнакомым местам. Павел сидел, подавшись вперед, неподвижно. Ямщичья гоньба была свирепая. Обвинские кони были горячи без удержу. Андрей Воронихин вдруг сказал ямщику:

— Загонишь.

Ямщик, не оборачиваясь, ответил:

— Не уймутся, толстоногие.

А на вопрос Павла объяснил: он их гонит, чтобы сами унялись, — иначе не уймутся.

Ромм равнодушно глядел по сторонам и спросил: почему все деревья отмечены здесь топором? И кучер объяснил неохотно, что это знаки, затесы, железные, что так метят здесь железо, руду: где копать.

— Железо железом метить. — И указал кнутом на одну: моя засека. В самом деле, невольная гоньба унялась. — Теперь смирные, — сказал ямщик. — Здесь руду роют, железо делают.

Они ехали шагом, молча.

Вдруг ямщик запел.

Павел сидел как завороженный.

5

Так ямщики не пели раньше, до этих мест.

Ходит царь вкруг Нова—города

Это был ямщик заводской, с очерских заводов.

Павел на каждом повороте делал движение. Он не мог усидеть, порывался спрыгнуть. И спокойный, молчаливый сидел рядом Андрей Воронихин, родом из здешних мест. Кони стали. Очер.

С утра он ходил по Очеру. Пылали кругом печи, большие и малые.

Он видел руду разных цветов — от бурого до розового, видел, как вместо земли появляется брус железа. Раз на реке Очер видел он игралище. На телегах, под парусными пологами молчаливый бородач торговал пряниками. Скалистый берег с каменной подушкой был молчалив, как Андрей. Ночью Андрей Воронихин бродил у реки.

Высокие выступы его привлекали. Земляные валы казались сделанными каким-то мастером. Может быть, это так и было в древности. Мастеровой здесь занят был чугунным литьем. Он к утру кончал лепить из глины свое зверье: волка, куницу, горностая. Всматриваясь острым и недоверчивым взглядом, он сказал Андрею: "Отойди. Ты мне застишь". И Андрей отступил. Мастерового звали, как его, также Андреем. Он заливал чугуном до краев глиняные грубые фигурки, которые разлетались.

— Чугунное литье, — говорил он недоверчиво.

Уже были готовы волк, куница, горностай. Других он не готовил. Ромм внимательно посмотрел на волка, куницу, горностая.

— Кто это? Вечером он сказал:

— Вскоре здесь появится разум. Ночью Павел слушал уральского соловья. Потом он увидел рядом четырехугольную голову Ромма. Ромм тоже не спал, тоже слушал уральского соловья. Потом он сказал Павлу:

— Эти птицы безумны. Разум никогда их не коснется. Они потому и лишают нас сна.

Ромм писал вечером обо всем, что видел, что застал и что признавал необходимым изменить и для чего. Когда они уехали, он взял с собой объемистую тетрадь. В Петербурге он еще трудился над тетрадью и иногда обращался с вопросами к Воронихину и Павлу. Наконец он отдал старику Строганову большую рукопись, озаглавив ее "О том, что сделать надлежит и что надлежит утвердить и упразднить". Упразднить, по его

6

мнению, надлежало нравы заводской полиции, утвердить надлежало Андрея как главного испытателя руды, не настаивая на его занятиях гоньбой. И наконец, о препятствиях — отдел краткий, который кончался личным письмом старому Строганову. Старик отнесся к тетради внимательно, но сказал, что все сие сообщит заводской полиции для руководства. Перед тем как они поехали в Париж, у них была беседа, и после этого Ромм более ни о чем не говорил. Роммовское описание осталось лежать на столе. Павел уезжал на четыре года. Ромм был уверен, что этого времени достаточно для того, чтобы достичь разума.

Ромм писал вечером о всем, что видел. У него выросла большая тетрадь. Он написал обо всем, что думал и видел, с тем чтобы Павел ознакомился со своими землями. Да, Павел запомнит Очер. Он запомнит его навсегда.

4

Клуб "Друзей закона". Павел Строганов каждый день к вечеру отправлялся в этот длинный приземистый дом, где собирались граждане. Сегодня собрание клуба "Друзей закона" шло особенно живо. Говорил широколобый адвокат из Араса. Оратор говорил речь о торжестве разума и о том, что бытие верховного существа охраняется друзьями закона. Павел записывал точно и дал оратору расписаться. Оратор расписался: Максимилиан Робеспьер. Павел скрепил подписью: Очер. Отчего он назвал себя Очером?

Может быть, оттого, что внезапно вспомнил в этом длинном четырехугольном зале очерские здания, где делали железо? Или потому, что был ранний час, как тот, когда они приехали в Очер? Или просто в такой час нужно быть с родным человеком? Воронихин невозмутимо рисовал для памяти здания, лица патриотов, дома не бывал. А он испытывал потребность быть не одному в этот час. И он взял для этого не имя человека, а имя места — имя близкое, надежное. В этом месте делали железо. И он стал гражданином Очером.

— Гражданин Очер! Вы еще любите запах мускуса?

— Я люблю его — это запах новобрачных.

— Гражданин Очер! Забудьте его! Это запах врагов.

Попрыскавшись мускусом, они бродят по Парижу и ждут часа. Патриоты прозвали их мускусными, мюскаденами.

7

— Гражданин Ромм, мускус более для меня не существует. Я презираю запах мускуса.

— Гражданин Очер, знаете ли вы, что новый календарь мною закончен. Вы помните, как в Очере вы сказали мне, что дышите впервые? Что вы ранее не понимали, что значит дыхание?

— Я помню это, гражданин Ромм.

— Таково первое наслаждение свободой и родиной, гражданин Очер. Новый календарь уже был тогда мною подготовлен в вашем доме наполовину. Какой у нас месяц?

— Гражданин Ромм, у нас месяц сентябрь.

— Я еще до конца декады предложу патриотам принять новый календарь. Сентябрь — октябрь — это виноградный месяц вандемьер. Потом будет туманный месяц — брюмер, а следующий — месяц инея — фример, потом снежный месяц — нивоз, месяц ветра — вонтоз, дождя — плювиоз, месяц посева — жерминаль, луговой месяц — прериаль, цветочный месяц — флореаль, месяц, дающий тепло, — термидор, дающий жатву — мессидор, дающий плоды — фрюктидор. Что называлось августом. Вы не расстаетесь, гражданин Очер, с месяцем двуликого Януса — январем. С месяцем Марса — мартом, месяцем Юлия Цезаря — июлем. Готовы ли вы проститься с двуликим Янусом?

— Я уже простился. Презираю двуликого Януса, гражданин Ромм.

5

Старик Строганов написал русскому послу о сыне. Пора было вернуть его. И в самом деле, было пора, можно было даже легко запоздать. Импе?ратрица по просьбе кума послала его быстрого сына в деревню. Лишенный возможности жить в столице, он там жил тихо в деревне и смирно. Между тем шли большие годы. Екатерина скончалась, император Павел мелькнул, чтобы наполнить мир рассказами. Настало царствование Александра I.

И в первое же время царствования он послал за Павлом Александровичем Строгановым. Гражданин Очер стал ближайшим сотрудником, советником Александра I в первые годы его царствования. Он был одним из ближайших к нему членов негласного комитета. И там однажды, в эти первые годы, когда все еще было молодо, незрело, а император еще и не думал о монахах, у которых стал искать совета и руководства только под конец, — и вот однажды Павел Строганов сказал в негласном комитете речь, которая многих поразила. Это была горячая речь. Строганов призывал не бояться, не беречься дворян. Он говорил о том, что дворяне не решатся на открытое выступление против императора, что они предпочтут желать зла в тишине. И Строганов умолял Александра Павловича пренебречь дворянами и опереться на крестьян, крестьян, которые удивят мир своими талантами, ибо, по мнению Павла Александровича Строганова, именно таланты крестьян, а не дворян находятся в основе будущей жизни. Следует немедля дать крестьянам свободу. Надо дать почувствовать крестьянам, сказал Строганов, почувствовать наслаждение свободой и собственностью — и сделать это тотчас. К концу этого года вдруг заговорят о новых талантах. Нужно запретить распоряжаться крестьянами без земли. Они от земли неотторжимы. В жизни Строганова — хотя крестьянской свободы, от которой о" ждал чудесного роста народных дарований, он не дождался — случилась еще одна пора, когда он снова встал во весь рост, рост гражданина Очера. И лучшие мысли своего века, и имя родины, и любовь к ней он пронес еще раз, на этот раз в войне, в той народной войне с захватчиком, которого он ненавидел. Ненавидел двойной ненавистью, кровавой: и за свое время и за свою родину. Наполеон напал на русскую землю. Как человек своего времени, он поклялся уничтожить завоевателя, стереть след его. Как гражданин Очер, чтобы больше не тревожил слуха, не тревожил звук его имени. Потому что не мог человек, носивший благородное простое уральское, русское имя Очера, имя северное, горное, простить тому, забыть о том, кто презрел человечество в его благородных надеждах.

А как Строганов Павел Александрович, он стал генералом победной русской армии в 1813 году, продолжал вести войну с Наполеоном, добиваясь его уничтожения. Он был человек храбрости, ни перед чем не склоняющейся.

Он воевал с Наполеоном начиная с 1805 года и был на полях больших битв. У русского воспитанника Ромма — последнего монтаньяра — началась походная жизнь. У него была ясная цель. Он ненавидел Наполеона. Он странствовал по полям битв, добиваясь упорно одного. Волонтером пошел он в действующую армию. Отныне для него существовала только военная служба... Он был в Бородинском сражении, в Лейпцигской битве народов, был при покорении Парижа.

Наконец, воевал вместе с сыном Александром. Молодой Александр напоминал ему его собственную молодость. Как военный и только военный — сражался рядом с ним его сын. Победоносный двенадцатый год прошел, миновал. Гражданин Очер продолжал войну.

При французском месте Краон шел жестокий бой. Пятнадцать тысяч русского войска под командой генерал-лейтенанта Павла Строганова сражалось против пятидесяти тысяч неприятелей. Он не видел сына — сын был на левом фланге. Бой кончался. Пятидесятитысячная армия Наполеона дрогнула перед трижды меньшей русской. Еще мгновение — и победа Краона решила кампанию. И он стал искать сына. Сыну исполнилось уже 19 лет. Он хотел сказать ему после боя, что теперь они всегда будут вместе — молодость прошла, а его начиналась.

Сегодня был бой, которого с Бородина не было в мире. И он искал сына, который должен был быть неподалеку, на самой опушке леса.

Но уж искали его.

Его проводили к месту, где был его сын. И после этого он передал команду сражения, которое кончилось громкой, блистательной победой. Сын его был убит. Нет, он был уничтожен. Шальная граната оторвала ему голову. Его борьба кончалась, но кончалась победой. Ненавистный Наполеон был сметен с лица земли. И так как война дала победу, он до конца остался военным.

Гражданин Очер знал все, что нужно. Он любил, как воевал, — до конца.

МАЛОЛЕТНЫЙ ВИТУШИШНИКОВ

1

Так было и теперь. Завтрак прошел превосходно. Он приласкал наследника и сказал любезность. Затем отправился в телеграфную комнату — год назад первый электрикомагнитический телеграф был проведен из его зимнего дворца к трем нужным лицам: шефу жандармов Орлову, главноуправляющему инженерией Клейнмихелю и фрейлине двора Нелидовой, которая жила по Фонтанке. Изобретение ученого сотрудника III отделения, барона Шиллинга фон Капштадт. Чуждаясь обыкновенной азбуки, он предпочитал собственную систему шифров — le systeme Nicolas[1]. Выслав вон телеграфного офицера, он сам послал особое слово к фрейлине Нелидовой, означавшее:

— Barbe[2].

Несмотря на то что депеша, вероятнее всего, достигла назначения, ответа не было. Повторено:

— Barbe.

Затем, с поспешностью и огорчением, послано сразу:

— Вы все еще сердитесь?

Вскоре электрикомагнитический аппарат принял ответ:

— Ваше величество...

Обычно для сокращения употреблялось: "Sire — государь".

— ...увольте...

Император с длинным карандашом в руке расшифровывал значение слов.

— ...на покой...

Он положил карандаш. Легкий вздох, он нахмурился, и с телеграммами на этот день было покончено.

Потом был выход и прием различных дел"

2

Ссора имела следующую причину.

Будучи образцовым, являясь по самому положению образцом, император желал одного: быть окруженным

---

[1] Система Николая (франц.)
[2] Варвара (франц.)

образцами. Варенька Нелидова была не только статна фигурою и правильна чертами, но в ней император как бы почерпал уверенность в том, как все кругом развилось и гигантскими шагами пошло вперед. Она была племянницей любимицы отца его, также фрейлины Нелидовой, — что, как человека, его вполне оправдывало, — и для отошедшей эпохи получалось невыгодное сравнение. Та была мала ростом, чернява и дурна, способна на противоречия. Эта — великолепно спокойного роста, с бледной мраморностью членов и с тою уменьшенной в отношении к корпусу головой, в которой император видел действие и залог породы.

Несколько дней назад, при обычном представлении императору, она вдруг скрыла лицо на его груди и заявила, что понесла. Это было вопросом столь же семейным, сколько государственным.

Как человек, император был приятно удивлен. Днем он особенно милостиво шутил, легко подписал государственный баланс, внезапно наградил орденом св. Екатерины кавалерственную даму Клейнмихель (родственница), и все ему удавалось. Затем обдумал будущий герб и некоторые мероприятия. Для герба он полагал — овальное голубое поле и три золотых рыбки. Титул: герцог или ниже — граф. Фамилии еще не выбрал, но остановился на трех: Николаев, Романовский, Нелидовский. О том, что может быть дочь, женского пола, он не думал. Затем обдумал поведение матери. Она должна ежедневно гулять по Аполлоновой зале или по Эрмитажу не менее часу. Окруженная со всех сторон статуями, видя вокруг себя мраморные торсы и колонны, будучи сама таким образом центром изящества, молодая мать может произвести только изящное.

Но вслед за этим император немного увлекся. Думая в этот вечер исключительно о предметах, связанных с женщиной и ее назначением, он живо представил себе событие всего и ясно увидел сцену: как он впервые приветствует младенца.

Розовый младенец лежит на руках у кормилицы, и он по простонародному русскому обычаю кладет тут же на подушку, "на зубок", маленький свиток — герб и прочее.

На руках у нарядной кормилицы. И незаметно, может быть мимоходом, вспомнив о форменных фрейлинских платьях, нахмурился: с женской формой дело не удалось и вызвало много толков. Тут же он вдруг подумал о форме для кормилиц. И сам удивился: у кормилиц самых высших должностей не было никакой формы. Полный разброд — включая невозможные кофты—растопырки и косынки. Назавтра он сказал об этом Клейнмихелю: пригласить художников, а те набросают проект. Клейнмихель распорядился быстро. Через два дня художники представили свои соображения.

Головной прибор: кокошник, окаймляющий гладко причесанные волосы и сзади стянутый бантом широкой ленты, висящей двумя концами как угодно низко. Сарафан с галунами. Рукава прошивные.

Художники ручались, что дородная кормилица в этой форме широкими и вместе стройными массами корпуса поставит в тень кого угодно.

Форма вызвала одобрение императора, приказавшего только озаботиться ввести более резкие отличия от парадного, также простонародного, костюма фрейлин. И она же вызвала ссору.

Вареньку Нелидову вдруг стали поздравлять, и дело получило самую широкую огласку.

Форма для кормилиц временно оставлена под сукном, но третий день уже длилось охлаждение.

3

Пройдя по Аполлоновой зале, он увидел на мгновение в зеркале себя, а сзади копию Феба, и невольно остановился — он почувствовал свое грустное величие: император, получив горький ответ на свои чувства, — проходит для приема воинов в Георгиевскую залу. И в Георгиевской зале сразу принял эту осанку: старее, чем всегда, много испытавший, император принимает парад старых воинов.

Представлялись старослужилые жандармского корпуса офицеры. Император остановился взором на самом старом из них. Ему припомнилось, что где-то он уже видел его.

— Мы уже где-то встречались? — сказал он грустно.

— Точно так, ваше величество, имел счастие. Позвольте в отставку, — сказал старец, слезясь.

— Подожди, мой старый... драбант[3], — сказал император, — мы вместе пойдем в отставку.

Все вздрогнули.

Император хотел было сказать: старый товарищ, но решительно не помнил, где видел жандарма, и поэтому сказал: мой старый драбант. И об отставке.

---

[3] Драбанты — дворцовая гвардия

Увидя слезы у всех на глазах, остался доволен. — Входите во вкус делать добро, — сказал он.

Прием кончился.

4

Двум солдатам Егерского полка карабинерной роты захотелось выпить. Браво солдатствуя уже десять лет, эти двое солдат, соседи по нарам, только раз штрафованные, но не бывшие на замечании, одновременно захотели выпить водки. Ночью, ворочаясь с боку на бок, они сказали об этом друг другу. Предприятие было опасное. — Рыск, — сказал старший и заерзал спиною.

Казармы стояли в одном из невидных мест, которых было много в Петербурге: в десяти минутах ходьбы были присутственные места, Нева, мост, соединявший Петербургскую часть с Васильевским островом, значительные и важные сооружения; но кругом — сады, голые и черные, табачная лавочка, богадельня, в которой виднелись бодрые инвалиды, а дальше — совершенно прозрачная, белесая дичь. По направлению к присутственным местам был кабак. Старший солдат работал в полковой швальне, и ускользнуть можно было, напросившись в одну из перевозок или на поручение. Речь шла о втором. Но и у второго была надежда: его употреблял по сапожному мастерству ротный командир, и могло случиться, что он мог быть вызван на квартиру для снятия мерки с ног супруги ротного командира.

— Рыск, — сказал сапожник, — без рыску нельзя.

Первый же был озабочен. Он сомневался.

В полку у солдат не было излишнего времени, которое не на что употребить, а излишнее время, остававшееся от строевой службы, швальных и пошивочных дел, чистки обмундирования и сбруи и т. д., заполнялось детскими играми. Если же бывали упущения, командир трактовал солдат как людей совершенно другого, зрелого возраста. Также в праздники делалось исключение — выдавалось по шкалику водки, которую звали "пенник" и "добрый пенник", а шкалик — "чаркой"; тогда же, во время праздника, ребята допускались "до девок", что в полку звалось также "попастись" и "на травку". Больные же и наказанные солдаты пользовались в госпиталях.

В утро того дня обоим солдатам посчастливилось.

Выйдя из ворот казармы, каждый по служебному делу, они разошлись в разные стороны, один подождал другого, и вскоре, сойдясь, они вытянулись, выравняли шаг и маршем направились по дороге в кабак.

Был час дня.

5

Принужденный вникать во все стороны подведомственной жизни, император после краткого отдыха принял главноуправляющего путями сообщений и публичными зданиями, генерал-адъютанта Клейнмихеля.

Небольшого роста, очень плотного сложения, с рыжими, чуть потолще императорских, усами, граф Петр Андреевич Клейнмихель был сложной натурой. Управляя, он не любил подписываться на бумагах, а производил дела по личному сговору и устному приказанию. Для быстроты суммы пересчитывались тут же, на месте, при самом заинтересованном лице. Перемещаемый с одного высокого поста на другой, он получил пестрое образование. Девиз его был: усердие все превозмогает. Будучи толст, рыж и усат, имел нежную девичью кожу. Проходя по строю подчиненных, говорил с ними звонким голосом и бывал скор. Допускал при провинностях короткость: трепал карандашом по носу. Но был и откровенен. При докладах открыто трактовал, например, министра финансов Вронченко — скотиной. Когда упоминалось это имя, он сразу заявлял:

— Скотина! —

и более не слушал доклада. Но трепетал, как смолянка[4] —, чувствуя приближение императора. Войдя в его кабинет, он становился меньше ростом, бледнел, усы поникали, он видимо таял. Говорил хриплым страстным шепотом, когда же находил обыкновенный голос, — это был тонкий, детский дискант. Близость императора имела на Клейнмихеля чисто физиологическое действие: когда император сердился, генерала начинало тошнить. Отойдя в угол, он некоторое время с трудом удерживался от спазм. Император знал за ним эту слабость и уважал ее.

— Сам виноват, — говорил он генералу, когда тот терялся.

Вместе с тем эта слабость была силой генерал-адъютанта Клейнмихеля. Она внутренне подстрекала его быстро исполнять приказания по строительной части, а с другой

---

[4] воспитанница Смольного института

15

стороны, доказывала полное уничтожение перед волею своего государя.

Постепенно он научился избегать гнева. Будучи дежурным генералом, он каждое утро являлся с экстренным докладом ко дворцу. Его лошади были скоры как ни у кого, что он считал особо необходимым для начальника путей сообщения. "Пух и прах!" — таков был его обычный наказ кучеру.

Ровно к двенадцати часам он прибыл во дворец, привезя с собою в санях черный, плотный, как гроб, портфель.

Мелкими шагами, запыхавшись, с беспечностью на розовом лице, он прошел к императору и на пороге побледнел.

Сдвинув ноги в шпорах, издал тихий звон. Произнес приветствие. Сразу же стал доставать из портфеля различные предметы — и вскоре разложил перед императором желтый шнур для выпушки, пять отрезков темнозеленого мундирного материала разных оттенков, маленькую, нарочно сделанную для образца, фуражечку путейского ведомства и жестяную, плотно закрывающуюся баночку с черной краской.

Это были образцы.

Император посмотрел на них непредубежденным взглядом; он взял со стола шнур и, поглядев на графа, намотал на указательные пальцы. Генерал выдержал взгляд. Император рванул шнур. Шнур выдержал испытание. Приоткрыв баночку, император понюхал и спросил брезгливо:

— Это что?

— Краска, представленная для покрытия буток, государь.

Император понюхал еще раз и отставил.

— Новую смету приготовил?

— Приготовил, государь.

— Сколько?

— Пятьдесят семь миллионов, ваше величество.

— Сорок пять — и ни полслова более. У меня деньги с неба не падают.

Дело шло о сметных деньгах по новой Николаевской железной дороге. Первоначальная смета была отклонена. Работы же вообще производились по справочным ценам.

Император посмотрел пристально на Клейнмихеля.

— Я прикажу быть инженерам честными, — сказал он. — Тумбы у тебя поставлены?

От здания таможенного ведомства вдоль по Неве тумбы имелись только с одной стороны. Со стороны набережной был переход прямо на холодный невский гранит. Стремясь к симметрии не только во внутренних вопросах государства, но и

16

во внешнем устройстве столицы, государь, проезжая, обратил на это внимание генерала.

— Стоят, ваше величество, — грустно ответил генерал. Государь указал на шнур, фуражечку и баночку.

— Возьми.

Прием был закончен.

6

Выйдя из дворца, граф Клейнмихель сел в сани и закричал отчаянным голосом опытному кучеру: — Гони, скотина! В управление! Пух и прах!

Три прохожих офицера стали на Невском проспекте во фрунт. Чиновники чужих ведомств снимали фуражки. По быстроте проезда все догадались, что скачет граф Клейнмихель по срочному делу.

Он пробежал в свой кабинет, не глядя ни на кого.

— Позвать скотину Игнатова, — сказал он. Скотина Игнатов, статский советник, явился.

— Тумбы! Где Еремеев? Брандмейстер! Брандмейстер! — кричал генерал.

"Брандмейстер" было прозвище статского советника Еремеева, смотрителя уличного благоустройства, неизвестно откуда происшедшее.

Дело объяснялось так: генерал-адъютант Клейнмихель забыл отдать распоряжение о тумбах.

Чувствуя во рту сладкий вкус — предвестие тошноты, — генерал Клейнмихель распоряжался. Тумбы оказались заготовленными, но еще не поставленными. Через пять минут была послана на место производства работ рота строительно—инженерных солдат. Каждые пять минут прибывали с рапортом лица внешнего отделения полиции. Они рапортовали, что все в порядке; ничего особенного по месту производящихся работ не произошло. Слабея, генерал ходил по кабинету и все реже хриплым голосом кричал:

— Я прикажу им быть честными!

Через четверть часа тумбы воздвигнуты в установленном порядке, а следы недавнего внедрения, насколько возможно, скрыты щебнем. Император в местах производства работ не замечен.

Генерал Клейнмихель опустился в кресла.

— Пух и прах, — сказал он.

17

Именно в это утро, более чем когда—либо, император ощущал потребность в государственной деятельности. Образцы, среди них маленькая фуражечка, не удовлетворили его. Ни одной минуты не должно быть потеряно даром. Разве заехать к вдове полкового командира Измайловского полка и сказать потрясенной горничной девке:

— Доложи: приехал генерал Романов... — ?

Старо и не следует повторять более разу. Можно устроить чрезвычайный смотр Преображенского полка. Обревизовать внезапно конюшенное ведомство. Затребовать план нового кронштадтского форта, составленный Дестремом. Заняться делом о краже невесты поручиком Матвеем Глинкою.

Он приказал заложить лошадей и поехал внезапно ревизовать С.—Петербургскую таможню.

Он прекрасно знал город как стратегический пункт. С того времени, когда в городе случились неприятные беспорядки при его восшествии, он привык по-разному относиться к частям города. Так, например, не любил Гороховой улицы, не ездил по Екатерингофскому проспекту и всегда подозревал Петербургскую часть. Прекрасно зная план своей столицы, он, однако, выезжая, испытывал иногда чувство удивления, как улицы в их грубом пригородном начертании, усеянные постороннею толпою и зрителями, мало походили на план. Любил поэтому знакомые места — Миллионную, правильный Невский проспект, бранное, упорядоченное Марсово поле.

С Васильевским островом мирился за его немецкий и забавный вид — там жили большею частью булошники и аптекари. Он помнил водевиль на театре Александрины, этого, как его... Каратыгина, где очень смешно выводился немец, певший о квартальном надзирателе:

И по плечу потрепетал.

Он тогда сказал Каратыгину: очень неплохо.

— Недурные водевили сейчас даются на театре. Глаз да глаз.

А до таможни проездиться по Невскому проспекту.

Прошедшие два офицера женируются и не довольно ловки. Фрунт, поклоны. Вольно, вольно, господа.

Ах, какая! — в рюмочку, и должна быть розовая... Ого!

Превосходный мороз. Мой климат хорош. Движение на

Невском проспекте далеко, далеко зашло. В Берлине Linden[5] — шире? Нет, не шире. Фридрих — решительный дурак, жаль его.

Поклоны; чья лошадь? Жадимировского?

Вывески стали писать слишком свободно. Что это значит: "Le dernier cri de Paris. Modes"[6]. Глупо! Сказать!

Кажется, литератор... Соллогуб... На маскараде у Елены Павловны? Куда бы его деть? На службу, на службу, господа!

У Гостиного двора неприличное оживление, и даже забываются. Опомнились наконец. А этот так и не кланяется. Статский и мерзавец. Кто? Поклоны, поклоны; вольно, господа.

Неприлично это... фырканье, cette petarade[7] у лошади — и... навоз!

— Яков! Кормить очищенным овсом! Говорил тебе! Как глупы эти люди. Боже! Черт знает что такое! Нужно быть строже с этими... с мальчишками. Что такое мальчишки? Мальчишки из лавок не должны бегать, но ходить шагом.

Поклоны, фрунт.

А эта... вон там... формы! Вольно, вольно, малютка!

Въезжая на мост, убедился в глянце перил. И дешево и красиво. Говорил Клейнмихелю! Вожжи, воздух. Картина! Какой свист, чрезвычайно приятный у саней, в движении. Решительно Канкрин глуп. Быть не может, чтоб финансы были худы. А вот и тумбы... Стоят. Приказал, и тумбы стоят. С тумбами лучше. Только бы всех этих господ прибрать к рукам. Вы мне ответите, господа! Никому, никому доверять нельзя. Как Фридрих—дурак доверился — и aufwiedersehen[8]. — Стоп.

Таможня.

8

Он заметил, как покачнулся толстый швейцар и как сразу выцвели и померкли его глаза в мгновение перед тем, как упасть корпусом вперед в поклоне. И он вступил в здание.

Он любил внезапное падение шума, чей-то отчаянный шепот и затем, сразу, тишину. И появляется — он.

Его глаз замечал все — писец за столиком вдруг перекрестился, как бы шаря у пуговицы.

---

[5] Unter den Linden (нем.) — буквально "Под липами" — одна из главных улиц Берлина.

[6] "Последний крик Парижа. Моды" (франц.)

[7] Эта трескотня (франц.).

[8] До свидания (нем.)

Он отдал громко приказ:

— Продолжать дела!

Шел обычный досмотр вещей, и чем обычнее были вещи, тем яснее чувствовалось значение происходящего. Его присутствие придавало смысл всем досматриваемым вещам, даже ничтожным; произносились названия. Он стал у весов.

— ...золотые дамские, с горизонтальным ходом, женевские...

— Водевиль—Канонес — сигары — ящика: два; Дос—Амигос—Трабукко — ящика: один; Водевиль—Рояль...

— Рококо столовых ложек: двенадцать; ренессанс череноков: двенадцать...

— Книги немецкие, в книжный магазин Андрея Иванова.

— Вскрыть.

Книги ему показались дурного тона. Он отобрал из них две неприличные. "Кацениямер" — сборник грязных анекдотов с изображениями женщин, у которых виднелись из-под юбок чулки, и "Картеншпиль" — руководство к выигрышу. Карточная игра в последнее время очень развилась, что серьезно его заботило. Перевод сочинения Александра Дюма "Графиня Берта" отложен за ненадобностью.

Неприметно он увлекся досмотром вещей. Было наперед ясно, что в каждой прибывающей партии товаров имеются вещи злонамеренные. И он ждал их. Но вместе была и полная неизвестность: а вдруг ровно ничего не окажется?

— Подсвечники кабинетные для вояжа, штуки: две.

— Канделябры...

— Сигарочницы, бритвенницы разной величины, штук: десять...

— Машинка для языка... Он стоял.

Досмотр шел; вскрывались ящики, вещи извлекались. Оставались всего два ящика, большие и хорошего вида.

— Экспедицьон офицель[9], — сказал таможенный тихо. Ящики с такою надписью отправлялись на министерства, посольства и вскрытию не подлежали.

Он посмотрел поверх должностных лиц, бесстрастно.

— Expedition — это вы, — сказал он, — officielle — это я. Вскрыть.

Легкий вздох прошел по залу.

Началось вскрытие клади, которая много лет безмолвно

---

[9] Expedition officielle (франц.) — официальная посылка; экспедиция — отделение почтамта.

пропускалась лицами таможенного ведомства, не имеющими права интересоваться содержанием.

— Досмотреть и перечислить.

И здесь произошло событие, не предвиденное даже императором.

— Сорочки женские шелковые, штук: двадцать, — сказал чиновник.

— Одеяла ватные, шелковые, с кистями, штук: пять...

— Полотно батист, мануфактур Жирард, кусков: десять...

— Зеркала филигрань...

Бросились к ящику проверять адрес — оказалось в порядке: груз казенный, expedition officielle. И что впопыхах раньше не прочли: для отдельного корпуса жандармов шефа графа Орлова.

— Чулок женских шелковых, пар: двадцать... Император, несколько опешив, стоял.

Вдруг манием руки он прервал пересчет.

— Доставить к нему на квартиру, — сказал он. Близкостоящему чиновнику послышалось как бы еще:

— Свинья! — но чиновник не осмелился расслышать и до самой смерти донес воспоминание, что император сказал вовсе не "свинья", а "семья", желая таким образом объяснить содержание официального пакета семейными обстоятельствами шефа жандармов графа Орлова.

И большими шагами, производя звон большими шпорами, еще возвысясь в росте, император, посмотрев на всех, удалился в негодовании.

9

Император страдал избытком воображения.

Обычно он не только гневался, но еще и воображал, что гневается. Он даже отчетливо видел со стороны всю картину и все значение своего гнева. Вместе с тем его раздражительность была чувство не простое. Составив себе определенное законными установлениями представление об окружающем, он негодовал, находя его другим. Но как он понимал, насколько ниже его все окружающие, то ничего, в сущности, не имел против того, чтобы они имели свои слабости.

Однако случай с графом Орловым его озадачил.

Направляясь в таможенное ведомство, он думал, что откроет там какое-нибудь злоупотребление, неясно представляя, какое именно. Он знал, что шеф жандармов берет большие взятки и даже переписал на себя чьи-то золотые прииски, но мирился с этим ввиду больших, чисто политических размеров взимаемого. Здесь же эти одеяла и двадцать штук беспошлинных женских сорочек удивили его, так сказать, домашнею осязательностью предметов. Зачем ему нужны эти двадцать сорочек? Тысяча свиней!

Он не любил бывать озадаченным. Ноздри его были раздуты. Выйдя на совершенно опустевшую улицу, он пешком дошел до угла. Кучер Яков ехал мерным шагом за ним, соблюдая расстояние. Перед тем как сойти с панели к саням, император в раздражении ударил носком сапога в тумбу.

Многими историками отмечалось, что бывают такие дни, когда все кажется необыкновенно прочно устроенным и удивительно прилаженным одно к другому, а весь ход мировой истории солидным. И напротив, выдаются такие дни, когда все решительно валится из рук. Тумба, в которую ударил носком сапога, находясь в дурном настроении, император, внезапно повалилась набок. Кучер на козлах крякнул от неожиданности. Улица была безлюдна.

— Где мерзавец Клейнмихель? — спросил себя император, глядя в упор на кучера.

Но кучер Яков был муштрованный и на государственные вопросы не отвечал.

Он тихонько произнес, как всегда в этих случаях:

— Эть (или даже: эсь), — и слегка натянул вожжи, так что это слово, если только это было словом, могло быть отнесено и к лошадям.

Между тем вопрос имел свое значение, что обнаружилось впоследствии.

Если бы здесь, под рукой, оказался Клейнмихель, как всегда в таких случаях, все хоть бы отчасти улеглось. Генерал мог бы сослаться на грунт или отдать под суд роту своих инженерных солдат. Здесь же, имея перед глазами Неву, невдалеке мост, построенный генерал-инженером Дестремом, дальше Петербургскую часть, а у ног тумбу, — император излучал гнев, не находивший применения.

В чисто живописном отношении его лицо чем-то, своею быстрою игрою, напоминало в такие минуты молнию в "Гибели Помпеи" Брюллова и "Медном змии" Бруни.

Он почувствовал старое военное состояние, в котором был тогда — при Енибазаре — тогда, когда военный совет просил его об удалении с поля битв из-за опасности быть окруженному подобно Петру Великому на берегах Прута. Полный горького сознания, что такой гнев растрачивается впустую, он сел в сани и приказал:

— Через мост, на Петербургскую часть. Кругом, в обход!

Сани помчались.

— Посмотрим, посмотрим, господа мерзавцы! Был час дня.

10

В это время Обер-полицеймейстер генерал Кокошкин, получив ложные донесения о движении императора на Васильевский остров, выехал наперерез, имея в составе полицеймейстера и трех чинов внешнего отделения полиции. Не встречая на своем пути ничего подозрительного, генерал Кокошкин распорядился, однако же, через четверть часа двинуть одного из чинов, поручика Кошкуля 2-го, в обход, по направлению к казармам Егерского полка, на Петербургскую часть.

11

События развивались быстро.

Петербургская часть, при неустроенности мостовых и обилии непроезжих пустырей, имела свои преимущества: редкую заселенность, приземистое строение домов, открывавшее глазу широкую перспективу и отсутствие скопления людей на улицах. Сани, управляемые опытным кучером, неслись.

Была перепугана водовозная кляча, плеснувшая из бочки воду, чуть не понесшая, скрылись две салопницы, мелькнули уличные сцены из жизни простонародья, а там пошли пустыри и осталась позади будка градского стража.

В это время император на повороте, невдалеке от Невы, заметил двух солдат, по форме как будто Егерского полка. Солдаты, бодро идя но чистому зимнему воздуху, не слышали звука саней и оба разом зашли в низенькую дверь строения, не напоминавшего по виду ни одного из зданий военного ведомства. Поравнявшись с дверью, император прочел на вывеске: "Питейное заведение" и надпись мелом рядом, на заборе: "кабак".

Сомнений не было никаких. Двое рядовых лейб—гвардии Егерского полка, или во всяком случае какого-то гвардейского полка, вошли, неизвестно как отлучившись, в кабак.

Это было нарушением, которое надлежало пресечь лично.

Когда нарушение началось, но еще не совершилось или, по крайней мере, не достигло своей полноты, — дело командования пресечь или остановить его.

Но, если оно уже началось, необходимо остановить нарушение в том положении, в каком оно застигнуто, чтобы далее оно не распространялось.

Здесь же, хотя дело шло о посещении кабака, которое только что началось и во всяком случае не достигло еще своей полноты, однако нельзя было довольствоваться такими мерами. Предстояло восстановить порядок, обличить виновных и обратить вещи в то положение, в котором они состояли до нарушения.

Порядок и расположение пунктов были к этому времени следующие: П - пустырь, Б - будка градского стража, К - кабак, С — сани государя императора, с кучером и с самим императором, остановившим сани, но из саней еще не выходившим.

Император крикнул звучным голосом, обратясь в сторону Б — будки:

— Стра-жа!

В служебное время на каждую будку полагалось три стража. Один из них, по очереди, стоял у будки на часах, вооруженный и одетый по форме, другой считался подчаском, а третий отдыхал.

На беду было как раз такое положение: вооруженный алебардою страж сдал с утра свою команду другому, другой отдыхал, а подчасок отлучился по своей надобности.

Положение еще осложнилось тем, что император заметил на безлюдной ранее улице, правда на довольном расстоянии, зевак.

Заметен был равнодушный чухонец с горшком из-под молока, две какие-то бабы—раззявы и совсем юный и розовый малолетный подросток.

— Стража! — повторил металлическим голосом император.

В это время из среды простонародья неожиданно отделился подросток и быстрыми шагами подбежал к саням.

— Осчастливьте приказать за стражей, ваше величество, — сказал он довольно бойко.

Император жестом изъявил согласие, но сам между тем рванулся из саней так быстро, что кучер не успел отстегнуть полость, и ее в последний момент отстегнул тут же случившийся подросток.

12

Рядовые карабинерной роты, вошедши в питейное заведение, вели себя как люди, расположившиеся отдохнуть и выпить, или, как говорилось среди унтер-офицерства, дерябнуть.

Они вежливо спросили у хозяйки два шкалика водки, а на закуску по ломтю хлеба, соли и вяленого снетка.

Хозяйка, рыхлая и расторопная женщина, стала хозяйственно нарезать хлеб, а солдаты сели у окошка и хотели приступить к разговору. Один из них, как всегда в таких случаях, смотрел в запотелое окошко, без дальних мыслей, но все же наблюдая на всякий случай улицу.

Вдруг в окне, справа, мелькнули: конская морда, блестящий мундштук, кучерская шапка, и взлетел шпиц каски.

— Частный! — успел крикнуть солдат.

13

Настежь распахнув дверь, император сразу подошел к стойке и безмолвно оглядел, как бы уравнивая взглядом, хозяйку, початый бочонок с медным краном и какую-то снедь на стойке, названия которой не знал. Этого было довольно.

Хозяйка, как сраженная пулей, упала в ноги императору, согнувшись всем станом, рыдая и пытаясь лобызнуть лакированные сапоги с маленькой ступней.

— Тварь, — сказал император.

— Не погуби, батюшка, — сказала хозяйка.

— Тварь, — повторил император. — Разве не знаешь, что запрещено пускать состоящих на службе?

— А что я с ними, окаянными, поделаю, — рыдала хозяйка. — Не губи. Нету у меня никого и не бывало.

Кончиком носка император отшвырнул ее и, несколько опомнясь, осмотрелся. Обои были не то с мраморными разводами, не то с натуральной плесенью. В комнате было три стола с запятнанной скатертью, на стене дурная картина, изображающая похищение из гарема, на стойке армия шкаликов, бочонок с медным краном, нарезанный хлеб и какая-то снедь, названия которой он не, знал.

Солдат не было.

Бойко, весь подобравшись, подросток вернулся к саням, но не застал императора.

Тогда он обратился к кучеру Якову и, почтительно указав пальцем на раскрытую дверь кабака, спросил:

— Находятся там?

Осторожный кучер Яков сказал было, натягивая вожжи: "эть" или "эсь", но, видя, с одной стороны, что обстоятельства чрезвычайные, а с другой, что подросток еще малолетний, ответил:

— Там.

— Могу ли я спросить ваше благородие, — спросил отрок, — должен ли я дожидаться его величества здесь или пойти доложить?

— Дожидаться, — ответил кучер Яков.

Потом, отчасти сам любопытствуя, спросил, не оборачивая головы:

— А стража, — эть?

— Стража в горячке, и послано за подлекарем, — ответил подросток.

— Эсь, — сказал кучер Яков.

Потом, полуобернув голову к юноше, он внимательно его разглядел и кивнул головой.

— Вы рассудительный. Благородство.

15

Еще раз окинув взглядом помещение питейного заведения и не найдя солдат, император, отошед в сторону, но отнюдь не сгибаясь, заглянул под стол.

Никого не было.

Тогда, ничего не понимая, но воздержась от дальнейших расспросов, он внезапно двинулся вон из заведения.

Прибывший в это время на место происшествия поручик Кошкуль 2-й застал в отдалении от императорских саней некоторое скопление народа, императора стоящим у самых саней и тут же подростка среднего роста, с обнаженной головой, рапортующего о чем-то императору.

Завидя поручика Кошкуля 2-го, государь спросил его, с приметным гневом и одушевлением:

— Кто?

После того как поручик Кошкуль 2-й назвал себя, государь погрозил ему пальцем и приказал:

— Место оцепить.

По отношению к окружавшему, пока еще редкому, скоплению публики император отдал распоряжение:

— Осадить и прогнать.

А затем, указав на близстоящего подростка, произнес:

— Отличить.

Тут же случившийся малолетный Витушишников помог его величеству сесть в сани.

16

Через десять минут поручику Кошкулю 2-му удалось стянуть к месту происшествия сильный отряд внешней полиции и оцепить окружающее пространство. Скопление любопытных рассеяно. Малолетного Витушишникова во все время производства операций поручик содержал при себе. После тщательного осмотра местности ничего подозрительного не найдено, за исключением одного пьяного, никогда не состоявшего в военной службе, а числившегося в с.—петербургских шарманщиках.

Тут же на месте была допрошена и тотчас вслед за этим арестована кабатчица, а питейное заведение со всем находившимся внутри инвентарем закрыто на ключ и опечатано. Допрос кабатчицы мало что выяснил вследствие сильного расстройства, в котором она находилась, и затемнения памяти, на которое ссылалась. Выяснилась только одна любопытная подробность, которую поручик Кошкуль 2-й не счел, однако, удобным помещать в протокол.

Неоднократно говоря о том, что у нее отшибло память, она каждый раз упоминала о каком-то "новом":

— Как новый наехал, так все затемнилось. И еще раз:

— Еще до нового, я и сама говорю им (то есть солдатам) — запрещается...

Наконец поручик Кошкуль 2-й нашелся вынужденным спросить бабу, о каком новом говорит она, и оказалось, что она говорит о новом частном приставе, только вчера приступившем к исполнению обязанностей в Петербургской части.

Заинтересовавшись этим обстоятельством и ничего не зная о посещении кабака частным приставом, Кошкуль 2-й вскоре выяснил, что вздорная баба все время принимала государя императора за нового частного пристава Петербургской части.

Обругав до последней крайности глупую бабу и сам испугавшись, поручик Кошкуль 2-й прекратил допрос, арестовал допрашиваемую, а сам отбыл в санях вместе с подростком для подробного допроса в полицейском управлении.

Малолетный Витушишников, проживающий на 22-й линии Васильевского острова, сын коллежского регистратора, пятнадцати лет, показал: будучи ребенком, он пробирался на Рыбацкую улицу в Петербургской части, где, на углу у Введенья, как он слыхал, устроилась карусель и производили за плату катанье детей.

С раннего детства воспитываемый отцом в правилах особо живого почитания всей августейшей фамилии, имея у себя портрет в красках всегда висящим на стене, — он, переходя вышеупомянутое место, увидя некоторое скопление народа и сообразив происшествие, сразу же узнал венценосца и, приблизившись, испросил распоряжений. Далее, подойдя к будке градских стражей, нашел стража в сильной слабости, качающегося на ногах и с бессвязною речью, который пояснил, что подчасок сейчас им послан не то за лекарем, не то за липовой, — о чем доложено.

— Однако же, вы хорошо нашлись, — с уважением сказал поручик. — Доложу о вас господину Обер-полицеймейстеру как о молодом человеке, лично известном с самой лучшей стороны государю императору. Честь имею кланяться. Не преминете засвидетельствовать почтение папеньке. Не извольте беспокоиться, вас доставят домой казенные сани.

17

Если бы солдаты хоть на минуту могли вообразить, что у дверей питейного заведения остановился государь император, — они, без сомнения, растерялись бы и погибли. Их спас, а кабатчицу погубил единственно недостаток воображения. Увидя шпиц каски, первый солдат сразу же подумал о частном приставе, и все дальнейшие действия в питейном заведении протекали именно в этом направлении и были продиктованы желанием спастись от частного пристава, никак не больше.

Но и этого было вполне достаточно. Оба на мгновение вдруг ощутили зуд в спинах от будущих и отчасти бывших палочных ударов. Пока на улице раздавались призывы стражи, оба разом, наклоня головы, сорвались с мест и сунулись в соседнюю комнату, бывшую в личном пользовании кабатчицы. Там, черным ходом, минуя чулан и отхожее место, они спустились по узкой лесенке во двор.

Кабак выходил задним своим фасом на пустырь, и огороженного двора, в буквальном смысле, вовсе не было. Забор имелся только с одного фланга. Картофельная шелуха, яичная скорлупа, кучка золы и вылитые помои означали пограничную черту двора. Поэтому без всяких помех, пока снаружи шли переговоры, солдаты, наклоня головы и таясь по правилам военных маневров, прошли, нимало не теряя времени и не производя шума, вдаль. Там они свернули в переулок, некоторое время намеренно плутали, а затем, находясь уже в другом районе, разъединившись, деловым стройным шагом отправились каждый по служебным надобностям. До конца жизни они сохранили воспоминание о том, как ловко улизнули от частного пристава.

Императора же в данном случае сбили с толку непривычные условия местности. Питейное заведение было оклеено мрачными мраморными обоями, на которых к тому же местами выступила в большом количестве плесень. Обои от времени лопнули и расселись в разных местах и направлениях. Поэтому небольшая дверь в дощатой перегородке, отделявшая заднюю комнату кабатчицы от питейного зала, ускользнула от внимания императора.

18

Конь был в пене. Император проделал весь обратный путь молча, не отвечая на поклоны, с решимостью. То, что солдаты, вошедшие в кабак, как сквозь землю провалились, нисколько его не занимало. Он не любил неразрешимых вопросов, объясняя их волею провидения. Если бы он застиг солдат — это на многих навело бы страху, а затем даже могло стать легендою и, изложенное приличным слогом, впоследствии заняло бы свое место. Но, устремясь на солдат, он не настиг их, и это его оскорбляло.

— Я покажу им, — повторил он несколько раз. Только пройдя несколько зал, миновав ряд мраморных колонн, лабрадоровые столы, фарфоровые вазы с живописью, порфировые изделия, император снова вошел в легкую атмосферу дворца и вернулся к исходному пункту.

Был вызван генерал-адъютант Клейнмихель.

— Поди, поди сюда, голубчик, — сказал император. Генерал-адъютант помедлил в дверях.

— Ну что же ты, подойди, — сказал тихонько император.

Подошедший генерал-адъютант Клейнмихель был внезапно ущипнут. Он был так метко и ловко застигнут врасплох, что не имел времени податься ни вперед, ни назад и предоставил императору свою руку без малейших возражений.

Только когда наступила обычная тошнота, император отпустил генерала и произнес:

— То-то. Вот тебе тумбы.

Вообще в течение дня утраченная бодрость восстановилась. По всему было видно, что император принял решение. После обеда он выслал вон дежурного при телеграфе офицера и сам направил по адресу шефа жандармов Орлова телеграмму без обращения и подписи:

— Свинья.

Именно в этой телеграмме некоторые историки видели причину и зародыш болезни, сведшей впоследствии графа Орлова в могилу. Как известно, на старости лет граф стал воображать себя свиньей, что впервые обнаружилось на одном из парадных обедов в честь графа Муравьева, когда он внезапно потребовал себе корыто, отказываясь в противном случае есть. Но до этого было еще пока далеко.

К вечеру император принял вполне определенное решение.

— Я покажу им, — сказал он.

Он вызвал Обер-полицеймейстера Кокошкина и на секретном докладе спросил о результатах поисков. Поиски оставались, как он и ожидал, безрезультатными. Тогда император перед самою вечернею молитвою наложил на доклад резолюцию:

"Отдать под суд откупщика, которому кабак принадлежит, с прекращением его откупа, а в случае замешанности — со взятием имущества в казну".

— Я покажу им, — произнес он, — что в России еще есть самодержавие.

19

Кабак оказался находящимся во владении винного откупщика Конаки, проживавшего по Большой Морской улице. Назавтра он был арестован по обвинению в злостном содержании лично ему принадлежащих кабаков. Конаки был человек небольшой и недавний. Всего три года, как он прибыл с юга, где имел свой обширный ренсковый погреб. С молодых лет он состоял по винным делам; был наследственный винник. Знал, как нужно давить виноград, чего подмешать; понимал процессы брожения. Торговал крупно. Расхаживая у себя на юге по прохладной Виннице, чувствовал вкус довольства. Но неудержимо растущее состояние оторвало его от этих мирных воспоминаний. Он прибыл в Петербург, чтобы приглядеться, стал понемногу прививаться, осел с большой шумной семьею на Большой Морской, начал уже входить во вкус операций — и вот — среди бела дня, неожиданно — сел в яму.

Впрочем, не так уж неожиданно. Имея в лице молодых Конаки—сыновей дельных агентов по налаживанию жизни в питейных заведениях, он уже спустя два часа знал об опечатании кабака, представлял себе в примерных размерах случившееся и успел посоветоваться с несколькими лицами. Но все же он не мог ожидать такого быстрого, молниеносного лишения свободы. Как только дверь затворилась за жандармами, уведшими отца, потерявшего при этом все присутствие духа, Конаки-сыновья предоставили женщинам плакать и метаться по обширным комнатам, а сами сразу же отправились на Конногвардейский бульвар к главному петербургскому откупщику Родоканаки.

20

Если Конаки был еще совершенно свеж и в нем еще держался дух ренскового погреба, то начало Родоканаки было далеко и всеми забыто. Известно было, что он из Одессы, и сам он всегда любил это подчеркивать.

Однажды он явился в Петербурге, небольшого роста, в черном сюртуке и отложных воротниках, и купил место против самых конных казарм, что было смелостью для человека статского. Пригласив к себе видного архитектора, он заказал ему планы и чертежи дома, чтоб дом не напоминал ни одного из петербургских, а все южные, роскошные дома, как у итальянцев.

— Я негоциант, — пояснил он.

На воротах он велел вылепить две черные мавританские головы с белыми зубами и глазами, постарался обвить окна плющом и стал жить. Плющ скоро засох, но Родоканаки получил в винных откупах большую силу. Если бы он старался слиться по образу жизни и вкусам с окружающим с.—петербургским населением и благородными лицами, — все бы о нем говорили, что он грек, а может быть, даже "грекос". А теперь все к нему ездили и говорили о нем: негоциант, и он был вполне петербургским человеком.

Он открыто предпочитал Одессу, ее улицы, строения, хлебную биржу, и даже одесские альманахи ставил в пример петербургским.

У него были свои вкусы.

Обивку стен он сделал из черного дерева. Везде у него было черное, красное и ореховое дерево. Мрамора он не терпел.

— Это мой дом, — говорил он. — Если я хочу мрамор, я пойду в Экономический клуб обедать и спрошу у лакея карту.

В Экономическом клубе, старшиной которого он был избран, случалось ему играть в карты со знаменитыми писателями, и он уважал из них того, который его обыграл:

— Без двух в козырях. Это человек! Пушкина он считал раздутым рекламой.

Особенно не нравился ему "Евгений Онегин", где говорилось об Одессе:

> В Одессе пыльной...
> В Одессе грязной...
> Я сказал...
> Я хотел сказать...

— Что это за стихи? — говорил он.

Вообще же не чуждался поэзии. Был склонен ценить Бенедиктова:

> Взгляни, вот женщины прекрасной
> Обворожительная грудь.

— Это картина, — соглашался он.

Ему нравилось также изображение цыганского табора у этого поэта и знаменитой Матрены, которую он лично слышал у Ильи:

> А вот "В темном лесе" Матрена колотит,
> Колотит, молотит, кипит и дробит,
> Кипит и колотит, дробит и молотит,
> И вот поднялась, и взвилась, и дрожит.

— "Дрожит" — это картина, — говорил он. И отзывался о поэте:

— Его даже Канкрин считал очень способным человеком.

32

Больше всего его здесь удовлетворяла, как он выражался, аккуратность поэта, которую он видел в этих стихах:

— Сначала он говорит: колотит, молотит, кипит и дробит, без разбору, а потом уже с разбором: кипит и колотит, дробит и молотит. Это человек.

Ему нравился большой размах, хотя сам он был человеком сдержанным.

Так, например, из женщин он ценил Жанетту с Искусственных минеральных вод, которая первая ввела таксу на каждую руку и ногу в отдельности.

— Это женщина, — говорил он.

Но допускал существование и других. Когда Кто-то отозвался тут же о покойной актрисе Асенковой, что она — святая, Родоканаки согласился:

— Это другое дело. Это святая.

При величайших операциях, которые он вел, он вовсе, однако, не был каким-нибудь отвлеченным человеком. Он живо понимал людей, и для него не было понятия "человеческая слабость", а только: "привычка".

Комбинации он составлял ночью.

На кроватном столике всегда стояли у него сушеная седая малага, сигары, вино. Он обдумывал план, жевал малагу, запивал глотком красного желудочного вина, выкуривал сигару — и крепко засыпал.

Когда Конаки—сыновья, связанные с ним деловым образом, посетили его, он прежде всего приказал им успокоить женщин:

— Пусть не плачут и сидят дома.

Затем, расспросив подробности, некоторые записал и отпустил их, успокоив.

В голове у него не было еще ни одной мысли.

Ночью он сжевал ветку малаги, выпил зеленый ремер—бокал и выкурил цигарку.

Он составил предварительный план действий и заснул.

21

Назавтра стало известно, что у Родоканаки будет дан фешьонебельный бал, на котором будет петь сама дива, госпожа Шютц.

Комбинации свои Родоканаки обычно строил на привычках нужных лиц. Если чувствовалась нужда в какоМ-либо определенном лице с известными привычками, оно приглашалось почтить присутствием обед.

Ни мраморов, ни мундиров; открытый семейный доступ к человеку. Разговор все время о Карлсбаде, Тальони, Жанетте из Минерашек, строительстве нового храма и конного манежа архитектором Тоном, о крупном проигрыше барона Фиркса в Экономическом клубе, о гигантских успехах науки: гальванопластике — все это смотря по привычкам лица; наконец, о сигарах Водевиль-Канонес.

— Я люблю Трабукко, — говорил Родоканаки.

Если гость также любил Трабукко, ему назавтра же посылались с лакеем две коробки отборных.

Разговор велся пониженным голосом; Родоканаки был внимателен и относился серьезно даже к вопросу о Жанетте. В судьбе ее принимал участие министр финансов, и предметом беседы как бы выражалось уважение к собеседнику. По части винных откупов Родоканаки считался самым сильным диалектиком. Он не любил, когда лакей докладывал о срочном деле.

— Меня нет дома, — говорил он сдержанно и не оборачиваясь.

А при прощании говорилось что нужно, и если условия заинтересованных лиц бывали приемлемы, — все кончалось. Если же нет, — производились розыски, знакомства, обходные действия и подыскивалось более важное и при этом более сговорчивое лицо.

Все происходило перед лицом прочных деревянных стен, паркетов, старых ковров и коллекции китайской бронзы и имело спокойный и глубоко основательный, даже исторический вид. И действительно, у каждой вещи была своя история — пивную кружку на камине подарил князь Бутера в Карлсбаде, а бронза — из Китая.

— Негоциант, — говорили со вздохом очарованные лица.

Так бывало, когда дело шло о каком-либо одном ясном деле.

Когда же дело по сфере действий было рассеянное или даже неуловимое, когда предстояло еще наметить лиц, нащупать их привычки и уловить моральный курс дня, — давался вечер, бал. Главное внимание уделялось дамам, и тут бывали простые, верные комбинации. В это время учреждались и раскассировывались разом многие комиссии, комитеты и пр., выплывали новые люди, и дамы являлись тою общею почвою и предметом, которые объединяли самые различные ведомства, утратившие единый язык. У самых чиновных лиц был принят легкий тон.

На этот раз были созваны самые видные питейные деятели, один молодой по юстиции, один действительный по финансам, несколько чужих жен, литература, карикатуристы.

22

С внешней стороны бал удался. Принужденности не было, а только полное внимание к чину или заслугам. Лакеи разносили лимонад и содовую воду. Подавались пулярды по-неаполитански, рябчики в папильотах, яйца в шубке по методе барона Фелькерзама. У Родоканаки был славный повар. Каждое блюдо имело свою историю: устрицы из Остенде, вина от Депре.

У самого буфета черного дерева сидела госпожа Родоканаки в вуалевом платье, средних лет, обычно таившаяся в задних комнатах, исполнявшая роль хозяйки.

Из питейных деятелей пришли: в черном фраке Уткин, Лихарев и барон Фитингоф (подставное лицо). Уткин был человек, умевший изворачиваться как никто, но по самолюбию попадал в ложные положения: лез в литературу. Дал деньги на издание журнала с политипажами, а там вдруг появилась карикатура на него же. Лихарев был московской школы, в поддевке, с улыбающимся лицом, стриженный в скобку. Барон Фитингоф был подставное лицо, брюки в обтяжку.

Дива, госпожа Шютц, пропела руладу из "Idol mio"[10] и тотчас уехала, получив вознаграждение в конверте. Поэт прочел стихотворение о новейших танцах:

Шибче лейся, быстрое аллегро!
В танцах нет покорности судьбам!
Кавалеры, черные, как негры,
Майских бабочек ловите — дам!

Чужая жена хлопнула его веером по руке.
— Ах, как Матрена скинула шапочку: "Улане, улане!"
— Поживите, Клеопатра Ивановна, у нас в Петербурге, полюбуйтесь этою ежечасною прибавкою изящного к изящному.

---

[10] "Мой идол" (итал.)

— Том Пус лилипут, это совершенно справедливо, но он и генерал. Ему пожаловано звание генерала. Как же! В прошлом году.

— И вот она подходит ко мне: а в Карлсбаде все девицы в форменных кепи и белых мундирах — там строго.

— Звонит в колокольчик, ест вилкой. На вопрос, сколько ему лет, лает три раза. Пишет свое имя: Эмиль, и уходит на задних лапах.

— Она сказала ему: ваше сиятельство, если вам не нравится мой голос, вы должны уважать мои телесные грации.

— Теперь шелк для дам будут делать из иван-чая. Уже продают акции.

— Это другое дело. Это иван-чай.

И все же Родоканаки был обеспокоен.

Кой-кто не явился, чужих жен и поэтов пришло слишком много. Жанетта с Искусственных минеральных, на которую возлагались надежды по особой ее близости с министром финансов, отлучилась на гастроли. Юстиция прислала извинение, а тайный напустил такого холоду и туману, что остальные, из разных комиссий, почувствовали каждый служебные обязанности. Знаменитый уютный характер Родоканакиных вечеров как бы изменился. Испортился стиль. Одна дама с плотным усестом была положительно развязна. Литераторы много пили. Чувствовалось, что образовался тайный холодок, пустота, и — испытанный барометр — Пантелеев из комиссии смотрел по сторонам слишком бегло и кисло.

Ушли раньше обычного.

Тогда, оставив чужих жен и карикатуристов доедать пулярды, Родоканаки незаметно увел к себе в кабинет питейных деятелей: Уткина, Лихарева и барона Фитин-гофа (подставное лицо).

Последние его слова за этот вечер были следующие:

— Жив Конаки или нет, меня это не касается. Больше одним греком или меньше. Но арест - арест это другое дело.

23

Назавтра министр финансов, тайный советник Вронченко, принял коммерции советника Родоканаки.

Министр был человек грузный. Принимая его на службу, бывший министр Канкрин решил, что он "пороху не выдумает". Теперь наступило время, когда требовались именно такие

36

министры. Говорили о нем еще, что он "задним умом крепок". Пригодилось и это. Став министром, Вронченко обнаружил отличные мужские качества и шутливость. Его поговорки пошли в ход. Например, когда министр соглашался, он говорил:

— То бе, если же нет:

— То не бе

и нюхал при этом табак.

Говорили, что он таким образом парафразировал известную фразу Гамлета: to be or not to be — быть иль не быть.

Вообще же он был вполне государственным человеком, лично понимающим всю важность финансов.

Родоканаки он принял холодно, но вежливо.

— Прошу пожаловать и сесть сюда, на диван.

Родоканаки изложил цель посещения и высказал пожелание, чтобы кабатчица была наказана самым строгим образом, а Конаки освобожден, если возможно.

Министр Вронченко не согласился и даже нахмурился.

— Бо он сам виноват, il est coupable.

Родоканаки сказал, что лица, несущие откупные труды, не могут отвечать за лиц, посещающих питейные заведения, и что Уткин, Лихарев, барон Фитингоф ожидают, что Конаки не будет предан суду.

— То бе, — сказал министр и равнодушно нюхнул табаку.

Тогда коммерции советник Родоканаки, вздохнув, тут же примолвил, что говорит не от своего имени: он — это другое дело, потому что давно готов на отдых и смотрит на откупные операции как на непосильные, но принужден передать от имени вышеупомянутых, да уж и своего, его высокопревосходительству, что все они намерены учредить акционерный капитал по разматыванию шелка, не могут поэтому долее нести откупа и принуждены отказаться.

— То не бе? — сказал изумленный Вронченко и подпрыгнул на стулс.

—К душевному сожалению, ваше высокопревосходительство, то бе, — сказал с печальною улыбкою, кланяясь, Родоканаки.

24

Только после ухода Родоканаки Вронченко опамятовался:

— Что за бес? Иль э фу[11], — сказал он тут же случившемуся секретарю. — Какой там к бесу шелк?

Но сам он вскоре понял, что шелк имеет во всем деле лишь чисто формальное значение, и вспомнил, что сумма питейных откупов равняется двадцати миллионам. А всех чрезвычайных доходов, огулом и кругом, на глаз, дай бог, сорок. Чрезвычайные же расходы вовсе неопределимы и непреодолимы.

Министр Вронченко почувствовал одиночество. Он задал себе вопрос, как поступил бы на его месте великий Канкрин, и даже приложил руку ко лбу козырьком, так как тот, страдая слабым зрением, всегда надвигал на лоб в служебные часы зеленый козырек, предохраняющий от света.

Решительно не находя ответа, Вронченко сказал секретарю фразу, в которой выразил положение:

— Вся совокупность такая... Ответа не было.

Надув щеки и пофукав, он отдышался и решил, что возможны перемены.

Он решил посетить некоторых товарищей по министерским обязанностям, а лично до вечера ничего не предпринимать.

25

Как всегда бывает с человеком растерянным, он поехал на верный провал, к министру юстиции Панину.

Министр юстиции отличался прямолинейностью. Буквально понимая принцип непреклонности, он ни перед кем, исключая императора, не преклонял головы, и если ему, например, случалось уронить носовой платок или очки, то, при высоком росте, приседал за нужною вещью на корточки, не склоняя корпуса. Он отличался нравственностью, преувеличенные слухи о которой дошли даже до иностранных дворов.

Объяснив суть дела Панину, Вронченко указал на то, что, если рассудить антр ну дё[12], — кабатчик не может уследить за всеми и за всех отвечать, и просил о помощи:

— Бо трещим.

Панин ответил ему с откровенностью:

---

[11] Il est fou (франц.) — он с ума сошел, одурел
[12] Entre nous deux (франц.) — между нами двумя

— Всегда рад, любезный Федор Павлович, вашим представлениям, когда они касаются правосудия. Заверяю, что виновные будут строго наказаны. Преступление, подобное описанному вами выше, не может в просвещенном государстве остаться без наказания. Но приложу все старания, дабы охранить спокойствие вашего министерства.

Нюхнув табаку, заехал к Левашову, но генерал делал свою утреннюю гимнастику, и из комнаты доносилось:

— Ать! Два! — Рыв—ком!

Пробираясь на усталой лошади к Алексею Федоровичу Орлову, Вронченко опустился, обмяк, почувствовал, что погода изменилась, тает, и что баки у него мокрые, как будто он никогда и не был министром.

Алексей Федорович Орлов принял его с всегдашнею осанкою воина.

Первые фразы, произнесенные им, были энергичны:

— Садитесь! Что такое?

Но потом, со второй же фразы Вронченка, он стал совершенно рассеян, смотрел все время на свои каблуки, завивал кренделькóм конец аксельбанта и наконец, как-то странно хрюкнув, сказал:

— Хоша я и понимаю, что финансы нужны, да в кабак ходить строго воспрещается.

Выйдя на улицу и найдя там уже совершенную слякоть и разлезлое таяние снега, Вронченко посмотрел на осиротелую лазурь и, сказав сам себе:

— В отставку! — приказал кучеру:

— Отвези меня на квартиру.

26

На очередном докладе государю Вронченко крепился и наконец, побагровев, доложил, что с откупными операциями обстоит неблагополучно.

Он долго готовился к этому докладу.

Император прервал его.

— Утри нос, — сказал он строго.

Это могло быть понято буквально, потому что в сильном волнении министр действительно почасту и помногу нюхал табак, так что позднейшие домыслы о том, что в эту минуту у него "повисла капля", может быть, имели основание. У императора было наследственное отвращение к табаку. Но, с другой стороны, это могло быть понято как приказ об отставке.

Сразу же после этого доклада стало известно, что министр финансов на днях выходит в отставку.

27

Когда граф Клейнмихель прослышал, что у Вронченка неладно с откупами, он пришел в хорошее расположение духа.

— Скотина, — сказал он, — пусть посидит без миллионов, скотина, с миллионами всякий умеет.

Когда же разнесся слух об отставке Вронченка, он окончательно повеселел.

— Уходит в отставку, — сказал он в разговоре со своим любимцем директором департамента публичных зданий. — И уходи, скотина.

Директор тоже выказал радость, но прибавил, что с балансом и бюджетом теперь, по-видимому, произойдет перемена.

— Какая перемена? — спросил граф. — К чему? Директор объяснил, что откупа отпадают, и это дает в ведомстве финансов будто бы разницу в двадцать с лишком миллионов.

— Конечно, отпадают, пусть посидит без миллионов, скотина, — сказал граф, но тут же вспомнил, что скотина-то выходит в отставку, а он, граф, остается.

Он посовещался кой с кем.

К вечеру погрузился в размышления и начал быстро ходить по кабинету.

Поставлена на стол бутылка зельцерской, что всегда делала в таких случаях заботливая графиня.

Ему стало вдруг ясно: отпадают миллионы — не на что строить железные дороги и мосты. Не на что строить — не строятся. То есть исчезают в первую очередь подрядчики.

Граф Клейнмихель увидел перед собою бездну разорения.

28

Слухи, которые поползли разом и вдруг, имели особенно злонамеренный характер.

Передавалось на ухо и с оглядкою, что двое солдат угрожали жизни императора, но его спас малолетний подросток. Другие же, главным образом из военных, с досадою возражали, что, напротив, юный наглец бросил снежком в императора, но был задержан полицейским поручиком, а теперь нахал содержится в Петропавловской крепости.

Отставка министра финансов широко огласилась, хотя и не была еще объявлена. Причина была, по общему мнению, — скандальная Жанетта с Искусственных минеральных вод.

В донесениях французского атташе своему правительству о деле рассказывалось более точно. Группа знатных откупщиков, нечто вроде fermiers generaux[13] старого режима, d'ancien regime, во Франции, предъявила иск правительству на пятьдесят миллионов рублей; население в панике; министр финансов не у дел и проводит дни у известной Жанетты на Мещанской улице. На императора сделано покушение во время выезда на охоту (oblava russe).

Атташе писал: Aut nunc, aut nunquam — теперь или никогда.

29

Он сидел в кругу семейства, ощущение семейного счастья заменяло ему все остальные. В такие дни он требовал, чтобы к чайному столу подавался настоящий самовар и чтобы сама императрица разливала чай. Он все время шутил с молоденькими фрейлинами и рассказал исторический случай из своей молодости: когда кавалер, состоявший при нем, задал ему тему для сочинения: "Военная служба не есть единственная служба дворянина, но есть и другие занятия", — император, которому в то время шел пятнадцатый год, подал по истечении часа с половиною чистый лист бумаги. У фрейлин вздрогнули плечи при этом рассказе.

Ни за чаем, ни в какое другое время не упоминалось о Вареньке Нелидовой.

Однако же состояние духа не могло назваться спокойным. У императора, кроме всего прочего, была хотя и застарелая, но сильная натура, которая требовала своего моциона. Это сказывалось и на его лице, которое один придворный сравнил с эоловой арфой, отражающей все движения природы.

В государственном же отношении он был тверд. Клейнмихеля, который попробовал в доклад о мосте вплести выражение "финансовая смета", он просто выгнал вон.

---

[13] Генеральных откупщиков (франц.)

После обеденного сна устроился небольшой семейный вист по маленькой; император выше двадцати пяти копеек поэнь не играл. Приглашены были три камергера: двое молодых, один старый. Пальцем поманив маленькую фрейлину, у которой при этом покраснела грудь, он сделал ее своей советчицей.

Фрейлина, в прекрасном оживлении, старательно советовала, а император поступал по своему усмотрению. Так, вопреки ее советам, он сразу взялся за туз, что, как известно, в висте при тузе, короле и трех маленьких не годится.

— Ваше величество, — сказала счастливая, но испуганная фрейлина, — но так никто не делает!

Император ответил внезапно сухо:

— Так делаю я.

— Ваше величество, — пролепетала фрейлина, — но обычная система виста...

Император открыл туз.

— Le systeme Nicolas, — сказал он.

Молодой камергер, заметно побледнев, долго выбирал карту, наконец выбрал — положил — и проиграл. — Le systeme Nicolas, — повторил император.

Начался второй роббер. Играющие переменялись местами, чтобы каждому за вечер выпало играть с императором на одной руке.

Старому камергеру шел восьмой десяток; он был глух и не замечал кругом ничего, даже женских глаз. Он был углублен в игру.

— Le systeme... — начал император.

В одну минуту дрожащими руками камергер покрыл все карты императора.

Император выложил на стол три проигранных рубля и повернул спину играющим.

— Я недостаточно богат, чтобы играть в карты, — сказал он и показал улыбку под усами. — Пренебречь, — добавил он неожиданно, строго взглянул на всех играющих и грудью вперед вышел вон из комнаты.

Семейный круг расстроился. Старый камергер более ко двору не приглашался.

К вечеру того же дня получено известие о колебании ценностей на бирже.

30

На Васильевском острове были замечены невдалеке от места происшествия двое студентов, подозрительно молчавших.

Мещанин на Кузнецком рынке предлагал "пустить петуха". Все трое задержаны.

Фаддей Венедиктович Булгарин был потревожен в своем уединении.

Это уже не был брызжущий жизнью и деятельностью ученый литератор, которого знал Петербург в старые годы. Но жил и теперь в непрестанных трудах. Только что недавно определился членом-корреспондентом специальной комиссии коннозаводства и по случаю нового служения стал издавать журнал "Эконом".

— Лошадки, лошадки — моя страсть, — говорил он.

За труды жизни был представлен к чину действительного статского советника.

Из капитальных вещей подготовил к изданию "Победа от обеда. Очерки нравов XVII века" и приступил к печатанью на собственный кошт с рисунками, награвированными на дереве.

Летом жил в деревне, а зимою на просторной петербургской квартире, где завел, соревнуя с Гречем, громадную клетку в полкомнаты, содержа там певчих птиц. Весною он открывал окно и выпускал какую-нибудь птицу на волю, произнося при этом стихи покойного Пушкина:

На волю птицу отпускаю.

Это вызывало большое скопление мальчишек, торговцев в разнос и соседей, знавших, что литератор Булгарин ежегодно выпускает по одной птице на волю.

Обдумывал план своих воспоминаний. Говоря с молодыми литераторами, он утверждал, что существенной разницы между ним и Пушкиным не было.

— Всегда оба старались быть полезными по начальству.

И добавлял:

— Только одному повезло, а другому — шиш.

И, наконец, конфиденциально наклоняясь к собеседнику, говорил на ухо:

— А препустой был человек.

Теперь Фаддея Венедиктовича посетили по важному делу.

Пришли трое: полковник особого корпуса жандармов, поручик Кошкуль 2-й и одно из статских лиц.

От Фаддея Венедиктовича просили и ждали помощи как от редактора "Северной пчелы", чтобы успокоить умы.

Фаддей Венедиктович попросил поручика Кошкуля 2-го подробно описать все происшествие и с пером в руке стал думать. Все трое с невольным уважением следили за переменами его лица, понимая, что это вдохновение.

Фаддей Венедиктович хлопал глазами. Глаза его были без ресниц, в больших очках.

Он стал рассуждать вслух:

— Представить можно, что две бешеные собаки напали, а отрок храбро... Нет, не годится.

— Можно также себе представить, что два волка из соседних деревень забежали... Волки — это весьма годится, это романтично... А отрок... нет, не годится...

Все оказывалось неудобным и не годилось по той простой причине, что император был образцом для всего. Так, например, статья о том, что на императора напали две бешеные собаки, а отрок храбро оказал им отпор, была бы очень прилична, но не годилась: если уж на императора напали, то других и подавно покусают.

Рассказ о двух волках из соседних деревень был романтичен, но несовместим с уличным движением. Замена лисицами обессмысливала вмешательство отрока.

Вдруг взгляд Фаддея Венедиктовича остановился.

— А ну-косе, благодетель, попрошу, — сказал он поручику Кошкулю 2-му, — извольте-с начертить мне план происшествия. На этом лоскуточке.

Поручик Кошкуль 2-й обозначил пустырь, будку, питейное заведение, сани государя императора.

— Попрошу реку, — сказал нетерпеливо Фаддей Венедиктович.

Поручик сбоку отчеркнул реку.

Тогда Фаддей Венедиктович описал за чертой кружок, а внутри кружка с размаху поставил точку и написал "У".

— Утопающая, — пояснил он ничего не понимающему поручику Кошкулю 2-му, — в проруби.

31

Назавтра же в "Северной пчеле" появился в отделе "Народные нравы" фельетон под названием: "Чудо-ребенок, или Спасение утопающих, вознагражденное монархом".

На окраине столицы (рассказывалось там) в реке Большой Невке молодая крестьянская девица брала ежедневно воду из проруби. Вдруг — кррах! Неверный лед подломился и рухнул

44

под ее ногами. Несчастная, не видя ниоткуда спасения, погрузилась в воду. Она издает только время от времени протяжный вопль и смотрит со слезами в открытое небо. Но провидение!.. Она слышит над собой чей-то голос — к ней спешат на помощь. То был отрок, малолетный г. Витушишников, проживающий на 22-й линии Васильевского острова с престарелым отцом своим, коллежским регистратором Витушишниковым. Будучи ребенком, он спешил для детских забав на Петербургскую часть, но, услышав жалобные вопли, повинуясь голосу сердца, обратился на помощь погибающей. Однако неокрепшие руки отрока не в силах были удержать жертву. Казалось, и девица и юный спаситель равно изнемогали. Но монарх, в неусыпных своих попечениях проезжая мимо, услышал вопль невинности и, подобно пращуру своему, простер покров помощи...

Вскоре спасенные отогревались в будке градских стражей, и жизнь их ныне объявлена вне опасности. Провидение!..

В знак исторического сего дня не замедлится прибитием памятная доска на будке градских стражей — в память отдаленным потомкам.

Принимая близкое участие в жизни чудо-ребенка г. Витушишникова, редакция объявляет сбор доброхотных пожертвований на приобретение дома для него. Устроителем счастия вызвался быть г. поручик Кошкуль 2-й, который заведует сборами при помещении газеты "Северная пчела".

На доброхотные сборы согласие изъявили: его высокоблагородие г. Алякринский - 3 рубля серебром; его высокоблагородие г. Булгарин - 1 рубль серебром; его благородие г. поручик Кошкуль 2-й - 1 рубль серебром; коммерции советник Родоканаки - 200 рублей серебром.

Тут же принимается подписка на изящное издание со 100 картинками исторического нравоописательного романа: "Победа от обеда. Очерки нравов XVII века". Сочинение г. Ф. В. Булгарина.

32

И все же успокоение не наступило.

Император услышал фамилию Родоканаки. Это была новая, доселе не встречавшаяся фамилия. Император спросил у церемониймейстера де Рибопьера. Всегда откровенный Рибопьер ответил ему честным недоумением. Он знал только две сходных фамилии: Родофиникин и Роде; о последней, как принадлежащей музыканту, в разговоре не упомянул. Из камергеров не оказалось знающих Родоканаки или желающих в этом сознаться. По виду фамилия была, впрочем, греческая.

Греческий посол, приятель Рибопьера, был немец, говорил по-немецки, родился в Баварии, был на лучшем счету у короля Отто и вообще не был знаком с греческими фамилиями.

С холодным видом император внезапно спросил во время доклада графа Клейнмихеля:

— Что такое Родоканаки?

Графу Клейнмихелю показалось, что его в чем-то подозревают.

— Не знаю, ваше величество.

— А я знаю, — сказал государь.

Клейнмихель побледнел, однако государь действительно не знал, кто такой, или, как он сказал, что такое Родоканаки.

К концу дня он наконец добился ответа. Родоканаки оказался совершенно частным лицом, откупщиком, имеющим смелость проживать противу конных казарм. С тайным содроганием император повторил:

— Родоканаки!

Он решился на крайние меры.

33

Был вызван министр двора. Император спросил у него ведомости о расходах. Просмотрев, остался недоволен и вздохнул:

— Я не могу тратить столько денег. Возьмите от меня эту маппу.

Он потребовал уменьшения количества свечей в люстрах, в каждой на две, что по всему дворцу давало экономию в свечах. Запросив ежедневные обеденные меню, собственноручно вычеркнул бланманже.

— Я требую, ты слышишь, требую, чтобы в государстве не было долгов, — сказал он, глядя в упор на министра.

Дворец притих.

Выйдя в Аполлонову залу, император вдруг велел убрать статую Силена.

— Это пьяный грек, — сказал он.

Вечером услышали старинную фразу, которая заставила побледнеть:

— Le sang coulera![14]

34

Родоканаки совершил свой поступок в надежде, что дело скоро разъяснится. Он вовсе не собирался прекращать откупные операции. Сохраняя все привычки и наружное спокойствие, Родоканаки был внутренне не спокоен и даже проигрался в Экономическом клубе. Хуже всего было то, что в своих действиях он был связан с другими лицами. Очень шаток был Уткин, по мнению Родоканаки, готовый продать в любую минуту. Лихарев стал молчалив, барон Фитингоф (подставное лицо) — излишне развязен.

Все это сказалось ужо в том, что все они, не исключая и самого Родоканаки, стали, точно сговорясь, прибавлять к имени Конаки ругательное словцо:

— Когда болван Конаки еще был на свободе...

— Что бы этой дурынде Конаки подумать...

— Вы помните, в клубе, когда еще оболтус Конаки обожрался севрюжиной...

Их жертва, принесенная такой мизерной личности, начинала казаться им самим смешной, дурацкой и совершенно неуместной. И, ничего пока не говоря друг другу, они говорили своим, а то и чужим женам:

— Ввязались с этим подлецом Конаки...

Они даже преувеличивали свою жертву, потому что откупные операции не были прекращены, а были только словесные и отчасти письменные, правда далеко зашедшие действия. Колебания биржи заняли, впрочем, на некоторое время все их силы и воображение. Все играли на понижение, даже Конаки из тюрьмы давал указания Конаки-сыновьям, какие бумаги продавать.

Все питейные деятели безропотно прислали следуемые с них доброхотные даяния в "Северную пчелу".

Родоканаки сказал при этом.

— Это другое дело. Это ребенок. По ночам он жевал малагу.

Он составлял комбинации.

Между тем министр Вронченко, если и не засел в публичном доме на Мещанской улице, как о том ложно доносил французский агент, то во всяком случае действительно

---

[14] Прольется кровь! (франц.).

уделял все свое внимание и свободное время Жанетте с Искусственных минеральных вод, уже вернувшейся с гастролей и приступившей к исполнению своих обязанностей.

Не имея, после исторической фразы, точных инструкций, а с другой стороны, видя нежелание откупных деятелей примириться с изъятием Конаки, тайный советник Вронченко как бы повис в воздухе и с тупым равнодушием наблюдал колебания биржи.

Министерство финансов, так сказать, отправляло свои естественные ежедневные потребности чисто механически, ничем не одушевляемое, — чиновники приходили, уходили, комиссии заседали, но дух отлетел.

В этот период безвременья лихорадочную деятельность развил поручик Кошкуль 2-й. Подписка на приобретение дома для чудо-ребенка шла хорошо. Его благородие Мендт фон - 1 рубль серебром, мать семейства г-жа N - 1 рубль серебром, купец 2-й гильдии Мякин — 10 рублей серебром.

35

И счастие его устроилось.

Был высмотрен на Крестовском острове маленький домик и куплен у бабы, коей принадлежал. Приглашен был художник, который изукрасил крышу резьбой наподобие кружев, а ставни искусно расписал цветками в горшках и снопах. Получился такой домик, в котором как бы самой природой назначено жить инвалиду, состарившемуся на царской службе, а ныне скромно воспитывающему своего сына. На оставшиеся деньги поручик Кошкуль 2-й купил малолетнему г. Витушишникову барабан, чтобы ребенок мог учиться в свободное время барабанной трели. Барабан был отличный, со звуком светлого и пронзительного тона. Обо всем этом было сообщено подписчикам и читателям "Северной пчелы" в отделе С.-Петербургских происшествий.

Больше всего возни было с отцом, коллежским регистратором Витушишниковым. Прежде всего он вовсе не оказался таким престарелым, как предполагалось. Затем воспротивился переселению на Крестовский остров, где отныне должен был исправлять обязанности отца.

Ссылался при этом на доводы такого характера, что ему далеко будет с Крестовского острова на службу, что он живет на Васильевском острове семнадцать лет и т. п. Поручику

Кошкулю 2-му пришлось даже прикрикнуть на него. С другой стороны, поручик прельстил его курятником, имевшимся при доме, где можно будет содержать кур.

По переезде малолетный Витушишников научился бойко барабанить зорю. Его сразу же было решено отдать в одно из закрытых военно—учебных заведений.

Затем разыгрался эпизод, о котором упоминает один из историков.

Молодые великие княжны совершенно случайно на прогулке проезжали мимо домика, где жил малолетный г. Витушишников со своим престарелым отцоМ-инвалидом. Отрок стоял у ворот, одетый в мундирчик закрытого военно—учебного заведения, и, завидя проезжающих, ударил барабанную дробь. Тут же стоящий инвалид—отец поднес великим княжнам на простом блюде, покрытом чистым полотенцем с кружевами, хлеб—соль.

Между тем не была забыта и будка градских стражей. На ней над самым окошком воздвиглась простая белая мраморная доска с золотыми буквами: "Император Николай I изволил удостоить эту будку своим посещением в день 12-го февраля 184...-го года и присутствовать при отогревании утопающей".

36

Граф Клейнмихель был в упадке. Выгнанный за выражение "финансовая смета", непозволительно проворонив случай с вопросом о Родоканаки, он видимо опустился. С трудом принуждал себя бриться, порос рыжим пухом. Ему ставили припарки, давали грудные порошки, его непрерывно тошнило. Появились признаки геморроидального состояния. Изредка электрикомагнитический аппарат принимал слабые стуки. В минутной надежде на то, что стучит император, граф бросался в телеграфную каморку, отталкивал дежурного офицера, но аппарат затихал. То ли воля императора, то ли действие атмосферных колебаний. При всем том был еще обременен обязанностями. Как раз в это время решался трудный вопрос о железнодорожных тендерах. Граф всегда считал тендера особым видом морских шлюпок и теперь решительно не знал, что делать с ними на суше. А суммы требовались большие.

Приезжавшая к графу его сестра, пожилая девушка, видя брата в отчаянном состоянии, просила его пойти в кирку помолиться.

Граф ответил ей, что в кирку не пойдет, потому что Лютер — скотина.

— Православие, самодержавие и народность, — сказал он потрясенной девушке, — а Лютер — скотина.

37

Министерство двора сосредоточивало в себе фрейлинскую часть, императорскую Академию художеств, охоту, духовенство и конюшенную часть. Заведующий государственным коннозаводством Левашов быстрым шепотом говорил:

— Стать, стать и стать, милостивые государи! Какая стать! Какие статьи! Бока!

Прусский художник Франц Крюге, которого специально приглашали из-за границы писать портреты, говорил о знаменитой Фаворитке:

— Главное ноги; поджарость ног — признак породы. Овальный круп и крутые бока.

Опытная камер-фрау Баранова так определяла состояние и служение фрейлин:

— Фимиам. Готика, готика, готика. Вы слышите запах?

Камер-фрау Баранова учила молоденьких фрейлин твердости. В Петергофе, в домике императрицы, куда она иногда заезжала, было чрезвычайно сыро, капало со стен. Домик напоминал более всего античный небольшой храм, но был устроен на крошечном острове среди озера, ранее бывшего болотом.

В этом озере была поставлена гипсовая статуя девушки, которую воды омывали ниже пояса. Когда какая-нибудь фрейлина жаловалась на сырость, камер-фрау брала ее за руку и указывала на статую:

— Учитесь у нее, — говорила она.

Император убрал домик разными вещами античного характера. Были сделаны точные копии с лампад, открытых при раскопках языческого города Помпеи, засыпанного пеплом вскоре после рождества Христова. К общему скандалу, все лампады оказались крайне двусмысленного вида и вызывали на неописуемое сравнение. Фрейлинам было раз навсегда запрещено об этом думать, а по своему призванию они даже не могли знать о предметах сравнения.

Камер-фрау Баранова объяснила им лампады.

— Это готика, — сказала она, — это, правда, еще языческая готика, но все же готика.

50

Храм, который император приказал соорудить у себя в Александрии, своей петергофской даче, "малютка—храмик", как называли его, был чистой готикой и не походил на пузатые купола. Указывая на стрельчатые окна и каменные кружева и оборки по углам, камер-фрау Баранова говорила:

— Учитесь у них.

Фрейлины были полны какого-то воздушного стремления и по утрам сообщали друг другу сны. Они отличались большой чуткостью и ловили неясные намеки. Фантастика владела ими. Мисс Рэдклифф была их моральный катехизис.

— Магнетизм, магнетизм, о, этот магнетизм! — говорили они.

Со времени ссоры императора с Нелидовой — все пришло в необычайное волнение. Ловили друг друга в углах и пожимали украдкою значительно руки. Обменивались взглядами. Составлялись партии, между которыми шла война, незаметная для посторонних. Почти все перестали спать, почти всем снился то император, то Варенька Нелидова. Одной из фрейлин явилась тень Марии-Антуанетты. Другой фрейлине во сне явился император Александр I и сказал: "Это я", — но к чему, точно неизвестно.

Между тем сама Варенька Нелидова, обнаружив при разрыве с императором изумившую всех смелость, после разрыва сразу же пала духом. Явиться самой или постучать по электрикомагнитическому аппарату она боялась до смерти.

38

Утром вдруг произошло чудо.

Пришел человек удивительно обыкновенного вида, в чуйке, и принес пакет со вложением двухсот тысяч рублей асс. На пакете была надпись: A M-lle Nelidoff[15]. При деньгах обнаружена записка: "На детский приют. Коммерции советник Р.". Человека спросили, не сказано ли ему передать что-нибудь изустно, на словах. Человек попросил помолиться за заключенных и ушел, оставив всех в недоумении.

К кому поехать, кому сообщить, с кем посоветоваться о деньгах?

Были еще живы обломки старых фрейлинских поколений, знавшие эпоху Марьи Саввишны Перекусихиной. Но донельзя опытные, эти ветеранши были глухи или слепы, ничего не

---

[15] Мадемуазель Нелидовой (франц.)

знали о магнетизме и употребляли убийственные конногвардейские слова.

Из эпохи предшествующего царствования, которая среди фрейлин называлась эпохой Мари — по имени Марии Антоновны Нарышкиной, — были фрейлины, но они оставались в полном небрежении и, когда являлись ко двору, семенили от волнения, как маленькие девочки.

Затем, уже при новом императоре, была вначале эпоха маскарадов, когда он сливался со страной и нисходил к дамам третьего сословия, а вслед за нею — эпоха разнообразия.

С камер-фрау Барановой можно было говорить о чуде, но о деньгах неуместно.

Советоваться было не с кем.

Нелидова поехала к графу Клейнмихелю. Граф Клейнмихель и жена его, кавалерственная дама, родственница Нелидовой, пришли в сильное волнение. Граф дрожал как бы под действием электрикомагнетического тока.

— Двести тысяч, — говорил он. — Для малолетных бедных! Это для них много.

Прежде всего он спросил Нелидову, о каком приюте шла речь в записке. Но Нелидова и сама не знала. Тогда кавалерственная дама, просмотрев списки всех существующих приютов, установила, что Нелидова действительно является членоМ-покровительницей дома призрения малолетных бедных.

Ни адрес этого учреждения, ни его размеры не были указаны; Варенька Нелидова никогда в нем не бывала.

Граф Клейнмихель посоветовал деньги принять, а о приюте навести справки.

— Деньги немедля принять, — сказал он Нелидовой, — и без всяких отлагательств молиться за заключенного.

— За какого заключенного? — спросила в ужасе Нелидова и зажмурилась.

— За этого... — сказал граф, — за скотину... за откупного.

И граф довольно связно рассказал о том, что в тюрьме сидит откупщик—скотина, которого необходимо во что бы то ни стало выпустить, или — все пропало. Он хриплым шепотом заявил глубоко тронутой Вареньке Нелидовой, что она может стать спасительницей государства, наподобие Жанны д'Арк.

И граф распорядился.

Адрес дома призрения малолетних бедных был разыскан. Штатный смотритель дома был вызван. В тот же день малютки шваброю истребляли запах кислой капусты. В честь покровительницы устроен бал. Вечером малютки подвигались довольно точно, учебным шагом по скромному, только что выбеленному залу дома призрения, вытягивая носки, а потом с помощью штатного смотрителя пели кантату "Гремят и блещут небеса" и затевали шалости.

Вечером успокоение вернулось к ней.

Вспоминая детский учебный шаг и кантату, она уснула.

Назавтра она посетила кавалерственную даму. Граф, который был в обычном припадке, с утра ходил в туфлях! Вдруг из кабинета донесся четкий и ясный стук.

Стучал электрикомагнитический аппарат.

39

Сильная натура императора не выдержала напряжения. Он стучал беспрерывно, домогаясь немедленного прибытия фрейлины двора Варвары Аркадьевны Нелидовой. Отговорки болезнью были заранее отвергнуты.

Граф Клейнмихель застегнулся перед аппаратом на все пуговицы и шлепнул туфлями.

— Слушаю, ваше величество, — сказал он тихо.

— Живо! — показал аппарат.

Выйдя военною походкою к дамам, граф сказал со слезами на глазах, обращаясь к фрейлине Нелидовой:

— Зовет.

По отбытии Нелидовой графу едва успели натянуть сапоги, как аппарат снова застучал.

— Отбыла, — протелеграфировал граф и щелкнул каблуками.

— Молодец, — ответил император по системе Nicolas. Граф тотчас велел звать цирюльника побрить его.

40

Иной раз в течение каких-нибудь десяти минут разрешаются сложнейшие исторические вопросы.

Варенька Нелидова вернулась к дисциплине. Простая, даже суровая обстановка походного, боевого кабинета императора придала сцене примирения особую значительность.

— Простите, — сказала она.

— Простил, — ответил император.

— Откупщика, — вдруг сказала она.

Снаружи, за стенами, протекала жизнь его столицы, здесь — жизнь его сердца. Маршировали по улицам столицы гвардейские полки, выкидывая ноги; готовились симметричные проекты; над рекою Невой воздвигались мосты полковником инженером Дестремом. Финансовые колебания кончались. Можно разрешить к завтрему бланманже. — Вольно, вольно!

41

Становились в тупик перед внезапным освобождением откупщика Конаки, уроженца города Винницы, проживавшего по Большой Морской улице, в доме купца Корзухина, обвинявшегося в побуждении к пьянству рядовых лейб— гвардии Егерского полка.

Историк юридической школы колебался, чему приписать тот факт, что никто, даже в министерстве юстиции, не догадался, что самое наличие в кабаке особой комнаты было уже актом противозаконным, и таким образом заключение Конаки под стражу, в камеру для производства следствия, было актом сугубо законным.

Психологическая школа, анализируя состояние императора, все приписала внезапным проявлениям его характера.

Вице—директор Игнатов, которого граф Клейнмихель называл скотиной и чем-то впоследствии обидел или обошел, оставил мемуары, в которых заявляет, что император испугался биржевых колебаний и отступил перед Конаки, что прошение фрейлины Нелидовой и было потому так быстро уважено, что сам император будто бы ждал с нетерпением, как бы наконец покончить с инцидентом.

Дело было проще.

Во-первых, откуда мог так называемый "скотина Игнатов" знать об этом деле? Затем, если уж говорить о ком-нибудь, так разве о Родоканаки, а никак не о Конаки. Конаки был вполне ничтожный человек и принужден был даже на год отсрочить возмещение Родоканаки расходов по своему делу. Да и сам Родоканаки был частным лицом, нигде не служил и уже по одному этому, как указывали историки юридической школы, не мог иметь влияния на государственные дела.

Он был негоциант, откупщик — и только.

Дело объяснялось тем, что император, как это нередко бывало с ним, просто прекратил самый вопрос.

Финансы были на время оставлены, он не желал ими более заниматься. Самое это слово опускалось в докладах. Свечи зажжены, бланманже вновь подавалось к столу. Он вычеркнул в своем сердце весь этот вопрос. Вронченко снова приступил к своим обязанностям. Таможня продолжала действовать.

Может быть, в глубине души император даже пожалел заключенного Конаки и вполне удовлетворился ссылкою в каторжные работы преступной бабы—кабатчицы. При этом, по своему рыцарскому пониманию мужских обязанностей, он и не мог изменить обещанию, данному женщине в такую минуту.

42

Через два дня господином Родоканаки дан раут на сто кувертов.

Дива, госпожа Шютц, в мужском костюме, впервые исполнила победный марш из новой оперы "Пророк" г. Мейербера.

Парижский магнетизер магнетизировал редкого медия. Медий исполнял все желания го

43

Жизнь малолетного Витушишникова была описана в одном из нумеров "Чтений": "Детство ста славных мужей", в то время издававшихся магазином живописных книг Андрея Иванова, на Невском проспекте, в доме Петропавловской церкви: герцог Веллингтон-ребенок, Фультон-ребенок, граф Клейнмихель-ребенок, Чудо-ребенок. Последний нумер и содержал описание жизни и полную апофеозу малолетного Витушишникова. Иногородние платили за пересылку по количеству веса и сообразно с платой, взимаемой по почтовой таксе. Требования исполнялись с первоотходящей почтой.

Последующая его жизнь целиком связана с историей закрытых военно—учебных заведений, затем 5-го Апшеронского, имени его величества короля Прусского, полка и, наконец, с внешним отделением с.—петербургской полиции (пристав 3-й части). Но это уже относится ко времени полицеймейстера Бларамберга.

Еще в 1880 году военный историк С. Н. Шубинский, редактор "Исторического вестника", посетил историческую будку с сохранившейся в целости памятной доской. Ему удалось еще застать стража. Бодрый старик сидел за столом, на котором стояла деревянная тарелка с нарезанным ломтями хлебом и неприхотливый водочный настой на липовых почках.

— Помню, как же, ваше сиятельство, — такой бравый из себя, видный. Идет, вижу, себе. А потом распоряжался.

— Но ведь он еще был ребенок? — спросил историк.

— Нет, — сказал старик, — какой там ребенок, такой бравый. Это только его звание было такое, что малолетный. Он уж при самом императоре состоял малолетным. Так значился.

— А самый случай помнишь? — спросил историк.

— И случай, — ответил старик. — Я и при случае был. Вижу — кто едет? Та-та-та, император. Я эту медаль на шею навесил. Ну, не эту — эта мне за тот самый случай и дадена, — другую навесил. Вышел, стою, жду. Вдруг — снегом как фукнет мне в лицо. Думаю: неужели сам государь император? Он и есть. "Что, говорит, делаешь?" — "Охраняю, говорю, вас, ваше императорское величество". А потом вот и произошел случай. Младенец утоп.

— Но это, кажется, было не так, это опровергается, — сказал историк Шубинский. — А императора помнишь?

— Помню, — ответил инвалид. — Я его как вас видел. На нем был серый походный сюртук. И шинель надета была нараспашку. Император... Как же... Делал посещения... При нем турецкая кампания была.."

ПОДПОРУЧИК КИЖЕ

1

Император Павел дремал у открытого окна. В послеобеденный час, когда пища медленно борется с телом, были запрещены какие-либо беспокойства. Он дремал, сидя на высоком кресле, заставленный сзади и с боков стеклянною ширмою. Павлу Петровичу снился обычный послеобеденный сон.

Он сидел в Гатчине, в своем стриженом садике, и округлый купидон в углу смотрел на него, как он обедает с семьей. Потом издали пошел скрип. Он шел по ухабам, однообразно и подпрыгивая. Павел Петрович увидел вдали треуголку, конский скок, оглобли одноколки, пыль. Он спрятался под стол, так как треуголка была — фельдъегерь. За ним скакали из Петербурга.

— Nous sommes perdus[16]...— закричал он хрипло жене из-под стола, чтобы она тоже спряталась.

Под столом не хватало воздуха, и скрип уже был там, одноколка оглоблями лезла на него.

Фельдъегерь заглянул под стол, нашел там Павла Петровича и сказал ему:

— Ваше величество. Ее величество матушка ваша скончалась.

Но как только Павел Петрович стал вылезать из-под стола, фельдъегерь щелкнул его по лбу и крикнул:

— Караул!

Павел Петрович отмахнулся и поймал муху.

Так он сидел, выкатив серые глаза в окно Павловского дворца, задыхаясь от пищи и тоски, с жужжащей мухой в руке, и прислушивался.

Кто-то кричал под окном "караул".

2

В канцелярии Преображенского полка военный писарь был сослан в Сибирь, по наказании.

---

[16] Мы погибли (фр.).

Новый писарь, молодой еще мальчик, сидел за столом и писал. Его рука дрожала, потому что он запоздал.

Нужно было кончить перепиской приказ по полку ровно к шести часам, для того чтобы дежурный адъютант отвез его во дворец, и там адъютант его величества, присоединив приказ к другим таким же, представил императору в девять. Опоздание было преступлением. Полковой писарь встал раньше времени, но испортил приказ и теперь делал другой список. В первом списке сделал он две ошибки: поручика Синюхаева написал умершим, так как Синюхаев шел сразу же после умершего майора Соколова, и допустил нелепое написание: вместо "Подпоручики же Стивен, Рыбин и Азанчеев назначаются" написал: "Подпоручик Киже, Стивен, Рыбин и Азанчеев назначаются". Когда он писал слово "Подпоручики", вошел офицер, и он вытянулся перед ним, остановясь на К, а потом, сев снова за приказ, напутал и написал: "Подпоручик Киже".

Он знал, что, если к шести часам приказ не поспеет, адъютант крикнет: "взять", и его возьмут. Поэтому рука его не шла, он писал все медленнее и медленнее и вдруг брызнул большую, красивую, как фонтан, кляксу на приказ.

Оставалось всего десять минут.

Откинувшись назад, писарь посмотрел на часы, как на живого человека, потом пальцами, как бы отделенными от тела и ходившими по своей воле, он стал рыться в бумагах за чистым листом, хотя здесь чистых листов вовсе не было, а они лежали в шкапу, в большом аккурате сложенные в стопку.

Но так, уже в отчаянии и только для последнего приличия перед самим собою роясь, он вторично остолбенел.

Другая, не менее важная бумага была написана тоже неправильно.

Согласно императорского приложения за N 940 о неупотреблении слов в донесениях, следовало не употреблять слова "обозреть", но осмотреть, не употреблять слова "выполнить", но исполнить, не писать "стража", но караул, и ни в коем случае не писать "отряд", но деташемент.

Для гражданских установлений было еще прибавлено, чтобы не писать "степень", но класс, и не "общество", но собрание, а вместо "гражданин" употреблять: купец или мещанин.

Но это уже было написано мелким почерком, внизу распоряжения N940, висящего тут же на стене, перед глазами писаря, и этого он не читал, но о словах "обозреть" и прочая он выучил в первый же день и хорошо помнил.

В бумаге же, приготовленной для подписания командиру полка и направляемой барону Аракчееву, было написано:

Обозрев, по поручению вашего превосходительства, отряды стражи, собственно для несения пригородной при Санкт—Петербурге и выездной служб назначенные, донесть имею честь, что все сие выполнено...

И это еще не все.

Первая строка им же самим давеча переписанного донесения изображена была:

Ваше превосходительство Милостивый Государь.

Для малого ребенка уже было небезызвестно, что обращение, в одну строку написанное, означало приказание, а в донесениях лица подчиненного, и в особенности такому лицу, как барон Аракчеев, можно было писать только в двух строках:

Ваше Превосходительство

Милостивый Государь,

что означало подчинение и вежливость.

И если за обозрев и прочая могло быть ему поставлено в вину, что он не заметил и вовремя не обратил внимание, то с Милостивым Государем напутал при переписке именно он сам.

И, уж более не сознавая, что делает, писарь сел исправить эту бумагу. Переписывая ее, он мгновенно забыл о приказе, хотя тот был много спешнее.

Когда же от адъютанта прибыл за приказом вестовой, писарь посмотрел на часы и на вестового и вдруг протянул ему лист с умершим поручиком Синюхаевым.

Потом сел и, все еще дрожа, писал: превосходительства, деташементы, караула.

3

Ровно в девять часов прозвонил во дворце колокольчик, император дернул за шнурок. Адъютант его величества ровно в девять часов вошел с докладом к Павлу Петровичу. Павел Петрович сидел во вчерашнем положении, у окна, заставленный стеклянною ширмою.

Между тем он не спал, не дремал, и выражение его лица было также другое.

Адъютант знал, как и все во дворце, что император гневен. Но он равным образом знал, что гнев ищет причин, и чем более их находит, тем более воспламеняется. Итак, доклад ни в коем случае не мог быть пропущен.

Он вытянулся перед стеклянной ширмой и императорской спиной и отрапортовал.

Павел Петрович не повернулся к адъютанту. Он тяжело и редко дышал.

Весь вчерашний день не могли доискаться, кто кричал под его окном "караул", и ночью он два раза просыпался в тоске.

"Караул" был крик нелепый, и вначале у Павла Петровича был гнев небольшой, как у всякого, кто видит дурной сон и которому помешали досмотреть его до конца. Потому что благополучный конец сна все же означает благополучие. Потом было любопытство: кто и зачем кричал "караул" у самого окна. Но когда во всем дворце, метавшемся в большом страхе, не могли сыскать того человека, гнев стал большой. Дело оборачивалось так: в самом дворце, в послеобеденное время, человек мог причинить беспокойство и остаться неразысканным. Притом же никто не мог знать, с какою целью было крикнуто: "караул". Может быть, это было предостережение раскаявшегося злоумыслителя.

Или, может быть, там, в кустах, уже трижды обысканных, сунули человеку глухой кляп в глотку и удушили его. Он точно провалился сквозь землю.

Надлежало... Но что надлежало, если тот человек не разыскан.

Надлежало увеличить караулы. И не только здесь.

Павел Петрович, не оборачиваясь, смотрел на четырехугольные зеленые кусты, такие же почти, как в Трианоне. Они были стриженые. И, однако же, неизвестно, кто в них был.

И, не глядя на адъютанта, он закинул назад правую руку. Адъютант знал, что это означает: во времена большого гнева император не оборачивается. Он ловко всунул в руку приказ по гвардии Преображенскому полку, и Павел Петрович стал внимательно читать. Потом рука опять откинулась назад, а адъютант, изловчившись, без шума поднял перо с рабочего столика, обмакнул в чернильницу, стряхнул и легко положил на руку, замарав себя чернилами. Все у него заняло мгновение. Вскоре подписанный лист полетел в адъютанта. Так адъютант стал подавать листы, и подписанные или просто читанные листы летели один за другим в адъютанта. Он стал уже привыкать к этому делу и надеялся, что так сойдет, когда император соскочил с возвышенного кресла.

Маленькими шагами он подбежал к адъютанту. Лицо его было красно, и глаза темны.

Он приблизился вплотную и понюхал адъютанта. Так

делал император, когда бывал подозрителен. Потом он двумя пальцами крепко ухватил адъютанта за рукав и ущипнул.

Адъютант стоял прямо и держал в руке листы.

— Службы не знаешь, сударь, — сипло сказал Павел, — сзади заходишь.

Он щипнул его еще разок.

— Потемкинский дух вышибу, ступай.

И адъютант задом удалился в дверь.

Как только дверь неслышно затворилась, Павел Петрович быстро размотал шейный платок и стал тихонько раздирать на груди рубашку, рот его перекосился, и губы задрожали.

Начинался великий гнев.

4

Приказ по гвардии Преображенскому полку, подписанный императором, был им сердито исправлен. Слова: Подпоручик Киже, Стивен, Рыбин и Азанчеев назначаются император исправил: после первого к вставил преогромный ер, несколько следующих букв похерил и сверху надписал: Подпоручик Киже в караул. Остальное не встретило возражений. Приказ был передан.

Когда командир его получил, он долго вспоминал, кто таков подпоручик со странной фамилией Киже. Он тотчас взял список всех офицеров Преображенского полка, но офицер с такой фамилией не значился. Не было его даже и в рядовых списках. Непонятно, что это было такое. Во всем мире понимал это верно один писарь, но его никто не спросил, а он никому не сказал. Однако же приказ императора должен был быть исполнен. И все же он не мог быть исполнен, потому что нигде в полку не было подпоручика Киже.

Командир подумал, не обратиться ли к барону Аракчееву. Но тотчас махнул рукой. Барон Аракчеев проживал в Гатчине, да и исход был сомнителен.

А как всегда в беде было принято бросаться к родне, то командир быстро счелся родней с адъютантом его величества Саблуковым и поскакал в Павловское.

В Павловском было большое смятение, и адъютант сначала вовсе не хотел принять командира.

Потом он брезгливо выслушал его и уже хотел сказать ему черта, и без того дел довольно, как вдруг насупился, метнул взгляд на командира, и взгляд этот внезапно изменился: он стал азартным.

Адъютант медленно сказал:

— Императору не доносить. Считать подпоручика Киже в живых. Назначить в караул.

Не глядя на обмякшего командира, он бросил его на произвол судеб, подтянулся и зашагал прочь.

5

Поручик Синюхаев был захудалый поручик. Отец его был лекарь при бароне Аракчееве, и барон, в награждение за пилюли, восстановившие его силы, тишком сунул лекарского сына в полк. Прямолинейный и неумный вид сына понравился барону. В полку он ни с кем не был на короткой ноге, но и не бегал от товарищей. Он был неразговорчив, любил табак, не махался с женщинами и, что было не вовсе бравым офицерским делом, с удовольствием играл на "гобое любви".

Амуниция его была всегда начищена.

Когда читался приказ по полку, Синюхаев стоял и, как обычно, вытянувшись в струнку, ни о чем не думал.

Внезапно он услышал свое имя и дрогнул ушами, как то случается с задумавшимися лошадьми от неожиданного кнута.

"Поручика Синюхаева, как умершего горячкою, считать по службе выбывшим".

Тут случилось, что командир, читавший приказ, невольно посмотрел на то место, где всегда стоял Синюхаев, и рука его с бумажным листом опустилась.

Синюхаев стоял, как всегда, на своем месте. Однако вскоре командир снова стал читать приказ, — правда, уже не столь отчетливо, — прочел о Стивене, Азанчееве, Киже и дочитал до конца. Начался развод, и Синюхаеву должно было вместе со всеми двигаться в фигурных упражнениях. Но вместо того он остался стоять.

Он привык внимать словам приказов как особым словам, не похожим на человеческую речь. Они имели не смысл, не значение, а собственную жизнь и власть. Дело было не в том, исполнен приказ или не исполнен. Приказ как-то изменял полки, улицы и людей, если даже его и не исполняли.

Когда он услышал слова приказа, он сначала остался стоять на месте, как недослышавший человек. Он тянулся за словами. Потом перестал сомневаться.

Это о нем читали. И, когда двинулась его колонна, он начал сомневаться, жив ли он.

Ощущая руку, лежащую на эфесе, некоторое стеснение от

туго стянутых портупейных ремней, тяжесть сегодня утром насаленной косы, он как будто и был жив, но вместе с тем он знал, что здесь что-то неладно, что-то непоправимо испорчено. Он ни разу не подумал, что в приказе ошибка.

Напротив, ему показалось, что он по ошибке, по оплошности жив. По небрежности он чего-то не заметил и не сообщил никому.

Во всяком случае он портил все фигуры развода, стоя столбиком на площади. Он даже не подумал шелохнуться.

Как только кончился развод, командир налетел на поручика. Он был красен. Было настоящим счастьем, что на разводе не было по случаю жаркого времени императора, отдыхавшего в Павловском. Командир хотел рявкнуть: на гауптвахту, — но для исхода гнева нужен был более раскатистый звук, и он уже хотел пустить на рр: под аррест, — как вдруг рот его замкнулся, словно командир случайно поймал им муху. И так он стоял перед поручиком Синюхаевым минуты две.

Потом, отшатнувшись, как от зачумленного, он пошел своим путем.

Он вспомнил, что поручик Синюхаев, как умерший, отчислен от службы, и сдержался, потому что не знал, как говорить с таким человеком.

6

Павел Петрович ходил по своей комнате и изредка останавливался.

Он прислушивался.

С тех пор, как император в пыльных сапогах и дорожном плаще прогремел шпорами по зале, в которой еще хрипела его мать, и хлопнул дверью, было наблюдено: большой гнев становился великим гневом, великий гнев кончался через дня два страхом и умилением.

Химеры по лестницам делал в Павловском дикий Бренна, а плафоны и стены дворца делал Камерон, любитель нежных красок, которые мрут на глазах у всех.

С одной стороны — разинутые пасти вздыбленных и человекообразных львов, с другой — изящное чувство.

Кроме того, в дворцовом зале висели два фонаря, подарок незадолго перед тем обезглавленного Людовика XVI. Этот подарок получил он во Франции, когда еще странствовал под именем графа Северного.

Фонари были высокой работы: стенки были таковы, что смягчали свет.

Но Павел Петрович избегал зажигать их.

Также часы, подарок Марии-Антуанетты, стояли на яшмовом столе. Часовая стрелка была золотым Сатурном с длинною косой, а минутная — амуром со стрелою.

Когда часы били полдень и полночь, Сатурн заслонял косой стрелу амура.

Это значило, что время побеждает любовь.

Как бы то ни было, часы не заводились.

Итак, в саду был Бренна, по стенам Камерон, а над головой в подпотолочной пустоте качался фонарь Людовика XVI.

Во время великого гнева Павел Петрович приобретал даже некоторое наружное сходство с одним из львов Бренны.

Тогда, как с неба при ясной погоде, рушились палки на целые полки, темною ночью при свете факелов рубили кому-то голову на Дону, маршировали пешком в Сибирь случайные солдаты, писаря, поручики, генералы и генерал-губернаторы.

Похитительница престола, его мать, была мертва. Потемкинский дух он вышиб, как некогда Иван Четвертый вышиб боярский. Он разметал потемкинские кости и сровнял его могилу. Он уничтожил самый вкус матери. Вкус похитительницы! Золото, комнаты, выложенные индийским шелком, комнаты, выложенные китайской посудой, с голландскими печами, и комната из синего стекла-табакерка. Балаган. Римские и греческие медали, которыми она хвасталась! Он велел употребить их на позолоту своего замка.

И все же дух остался, привкус остался.

Им пахло кругом, и поэтому, может быть, Павел Петрович имел привычку принюхиваться к собеседникам.

А над головой качался французский висельник, фонарь.

И наступал страх. Императору не хватало воздуха. Он не боялся ни жены, ни старших сыновей, из которых каждый, вспомнив пример веселой бабушки и свекрови, мог его заколоть вилкою и сесть на престол.

Он не боялся подозрительно веселых министров и подозрительно мрачных генералов. Он не боялся никого и той пятидесятимиллионной черни, которая сидела по кочкам, болотам, пескам и полям его империи и которую он никак не мог себе представить. Он не боялся их, взятых в отдельности. Вместе же это было море, и он тонул в нем.

И он приказал окопать свой петербургский замок рвами и форпостами и вздернуть на цепи подъемный мост. Но и цепи были неверны — их охраняли часовые.

И когда великий гнев становился великим страхом, начинала работать канцелярия криминальных дел, и кого-то подвешивали за руки, и под кем-то проваливался пол, а внизу его ждали заплечные мастера.

Поэтому, когда из императорской комнаты слышались то маленькие, то растянутые, внезапно спотыкливые шаги, все переглядывались с тоской, и редко кто улыбался. В комнате великий страх.

Император бродит.

7

Поручик Синюхаев стоял на том самом месте, где налетел на него распекателем, и не распек, и так внезапно остановился командир.

Вокруг него никого не было.

Обычно после развода он расправлялся, сбавлял выправку, руки размякали, и он шел в казармы вольно. Каждый член становился вольным: он становился партикулярным.

Дома, в офицерской казарме, поручик расстегивал сюртук и играл на гобое любви. Потом набивал трубку и смотрел в окно. Он видел большой кус вырубленного сада, где теперь была пустыня, называемая Царицыным лугом. На поле не было никакого разнообразия, никакой зелени, но на песке сохранились следы коней и солдат. Куренье нравилось ему всеми статьями: набивкой, придавкой, затяжкой и дымом. С куреньем человек никогда не пропадет. Этого было достаточно, так как вскоре наступал вечер и он уходил к приятелям или просто погулять.

Он любил вежливость простонародья. Однажды мещанин сказал ему, когда он чихнул: "Спица в нос невелика — с перст".

Перед сном он садился играть со своим денщиком в карты. Он выучил денщика в контру и в памфил, и когда денщик проигрывал, поручик хлопал его колодой по носу, а когда он сам проигрывал, то не хлопал денщика. Наконец он осматривал начищенную денщиком амуницию, сам завивал, заплетал и салил косу и ложился спать.

Но теперь он не расправился, мышцы его были надуты, и дыханья было не слышно у поручиковых губ. Он стал рассматривать разводную площадь, и она оказалась незнакомой ему. По крайней мере он никогда не замечал раньше карнизов на окнах красного казенного здания и мутных стекол.

Круглые булыжники мостовой были не похожи один на другой, как разные братья.

В большом порядке, в сером аккурате, лежал солдатский С.—Петербург с пустынями, реками и мутными глазами мостовой, вовсе ему незнакомый город.

Тогда он понял, что умер.

8

Павел Петрович заслышал шаги адъютанта, кошкой прокрался к креслам, стоявшим за стеклянною ширмою, и сел так твердо, как будто сидел все время.

Он знал шаги приближенных. Сидя задом к ним, он различал шарканье уверенных, подпрыгиванье льстивых и легкие, воздушные шаги устрашенных.

Прямых шагов он не слыхал.

На этот раз адъютант шел уверенно, он подшаркивал. Павел Петрович полуобернул голову.

Адъютант зашел до середины ширм и склонил голову.

— Ваше величество. Караул кричал подпоручик Киже.

— Кто таков?

Страх становился легче, он получал фамилию. Этот вопроса адъютант не ждал и слегка отступил.

— Подпоручик, который назначен в караульную службу, ваше величество.

— Для чего кричал? — император притопнул ногой. — Слушаю, сударь.

Адъютант помолчал.

— По неразумию, — лепетнул он.

— Произвесть дознание и, бив плетьми, пешком в Сибирь.

9

Так началась жизнь подпоручика Киже.

Когда писарь переписывал приказ, подпоручик Киже был ошибкой, опиской, не более. Ее могли не заметить, и она потонула бы в море бумаг, а так как приказ был ничем не любопытен, то вряд ли позднейшие историки даже стали бы ее воспроизводить.

Придирчивый глаз Павла Петровича ее извлек и твердым знаком дал ей сомнительную жизнь — описка стала подпоручиком без лица, но с фамилией.

Потом в прерывистых мыслях адъютанта у него наметилось лицо, правда — едва брезжущее, как во сне. Это он крикнул "караул" под дворцовым окном.

Теперь это лицо отвердело и вытянулось: подпоручик Киже оказался злоумышленником, который был осужден на дыбу или, в лучшем случае, кобылу — и Сибирь.

Это была действительность.

До сих пор он был беспокойством писаря, растерянностью командира и находчивостью адъютанта.

Отныне кобыла, плети и путешествие в Сибирь были его собственным, личным делом.

Приказ должен быть выполнен. Подпоручик Киже должен был выйти из военной инстанции, перейти в юстицкую инстанцию, а оттуда пойти по зеленой дороге прямо в Сибирь.

И так сделалось.

В том полку, где он числился, командир таким громовым голосом, который бывает только у совсем потерянного человека, выкликнул перед строем имя подпоручика Киже.

В стороне уже стояла наготове кобыла, и двое гвардейцев захлестнули ее ремнями в головах и по ногам. Двое гвардейцев, с обеих сторон, хлестали семихвостками по гладкому дереву, третий считал, а полк смотрел.

Так как дерево было отполировано уже ранее тысячами животов, то кобыла казалась не вовсе пустою. Хотя на ней никого не было, а все же как будто Кто-то и был. Солдаты, нахмуря брови, смотрели на молчаливую кобылу, а командир к концу экзекуции покраснел, и его ноздри раздулись, как всегда.

Потом ремни расхлестнули: и чьи-то плечи как будто освободились на кобыле. Двое гвардейцев подошли к ней и подождали команды.

Они пошли по улице, удаляясь от полка ровным шагом, ружья на плечо, и изредка посматривали косвенным взглядом, не друг на друга, но на место, заключенное между ними.

В строю стоял молодой солдат, его недавно забрили. Он смотрел на экзекуцию с интересом. Он думал, то все происходящее — дело обыкновенное и часто совершается на военной службе.

Но вечером он вдруг заворочался на нарах и тихонько спросил у старого гвардейца, лежащего рядом:

— Дяденька, а кто у нас императором?

— Павел Петрович, дура, — ответил испуганно старик.

— А ты его видел?

— Видел, — буркнул старик, — и ты увидишь.

Они замолчали. Но старый солдат не мог заснуть. Он ворочался. Прошло минут десять.

— А ты почто спрашиваешь? — вдруг спросил старик у молодого.

— А я не знаю, — охотно ответил молодой, — говорят, говорят: император, а кто такой — неизвестно. Может, только говорят...

— Дура, — сказал старик и покосился по сторонам, — молчи, дура деревенская.

Прошло еще минут десять. В казарме было темно и тихо.

— Он есть, — сказал вдруг старик на ухо молодому, — только он подмененный.

10

Поручик Синюхаев внимательно посмотрел на комнату, в которой жил до сего дня.

Комната была просторная, с низкими потолками, с портретом человека средних лет, в очках и при небольшой косичке. Это был отец поручика, лекарь Синюхаев.

Он жил в Гатчине, но поручик, глядя на портрет, не чувствовал особой уверенности в этом. Может быть, живет, а может, и нет.

Потом он посмотрел на вещи, принадлежавшие поручику Синюхаеву: гобой любви в деревянном ларчике, щипцы для завивки, баночку с пудрой, песочницу, и эти вещи посмотрели на него. Он отвел от них взгляд.

Так он стоял посреди комнаты и ждал чего-то. Вряд ли он ждал денщика.

Между тем именно денщик осторожно вошел в комнату и остановился перед поручиком. Он слегка раскрыл рот и, смотря на поручика, стоял.

Вероятно, он всегда так стоял, ожидая приказаний, но поручик посмотрел на него, словно видел его в первый раз, и потупился.

Смерть следовало скрывать временно, как преступление. К вечеру вошел к нему в комнату молодой человек, сел за стол, на котором стоял ларчик с гобоем любви, вынул его из ларчика, подул в него и, не добившись звука, сложил в угол.

Затем, кликнув денщика, сказал подать пенника. Ни разу он не посмотрел на поручика Синюхаева.

Поручик же спросил стесненным голосом:

— Кто таков?

Молодой человек, пьющий пенник, отвечал, зевнув:

— Юнкерской школы при Сенате аудитор, — и приказал денщику постилать постель. Потом он стал раздеваться, и поручик Синюхаев долго смотрел, как ловко аудитор стаскивает штиблеты и сталкивает их со стуком, расстегивается, потом укрывается одеялом и зевает. Потянувшись, наконец, молодой человек вдруг посмотрел на руку поручика Синюхаева и вытащил у него из обшлага полотняный платочек. Прочистив нос, он снова зевнул.

Тогда, наконец, поручик Синюхаев нашелся и вяло сказал, что сие против правил.

Аудитор равнодушно возразил, что напротив, все по правилам, что он действует по части второй, как бывший Синюхаев — "яко же умре", и чтоб поручик снял свой мундир, который кажется аудитору еще довольно приличным, а сам бы надел мундир, негодный для носки.

Поручик Синюхаев стал снимать мундир, а аудитор ему помог, объясняя, что сам бывший Синюхаев может это сделать "не так".

Потом бывший Синюхаев надел мундир, не годный для носки, и постоял, опасаясь, как бы аудитор перчаток не взял. У него были длинные желтые перчатки, с угловатыми пальцами, форменные. Перчатки потерять — к бесчестью, слыхал он. В перчатках поручик, каков он ни был, все поручик. Поэтому, натянув перчатки, бывший Синюхаев повернулся и пошел прочь.

Всю ночь он пробродил по улицам С.—Петербурга, даже не пытаясь зайти никуда. Под утро он устал и сел наземь у какого-то дома. Он продремал несколько минут, затем внезапно вскочил и пошел, не глядя по сторонам.

Вскоре он вышел за черту города. Сонный торшрейбер[17] у шлагбаума рассеянно записал его фамилию.

Больше он не возвратился в казармы.

11

Адъютант был хитер и не сказал никому о подпоручике Киже и своей удаче.

У него, как и у всякого, были враги. Поэтому он сказал только кой-кому, что человек, кричавший "караул", найден.

---

[17] Писарь (нем.)

Но это произвело странное действие на женской половине дворца.

Ко дворцу с его верхними колоннами, тонкими, как пальцы, ударяющие в клавесин, построенному Камероном, были пристроены с фаса два крыла, округленные, как кошачьи лапы, когда кошка играет с мышонком. В одном крыле девствовала фрейлина Нелидова со штатом.

Часто Павел Петрович, виновато миновав стражу, отправлялся на это крыло, а однажды часовые видели, как император быстро выбежал оттуда, со съехавшим набок париком, и вдогонку над его головой пролетела женская туфля.

Хотя Нелидова была только фрейлиной, у нее самой были фрейлины.

И вот, когда до женского крыла дошло, что кричавший "караул" найден, одна из фрейлин Нелидовой упала в обморок.

Она была, как Нелидова, кудрявой и тонкой, как пастушок.

При бабке Елизавете у фрейлин стучала парча, трещали шелка, и освобожденные соски испуганно появлялись из них. Такова была мода.

Амазонки, любившие мужскую одежду, бархатные морские хвосты и звезды у сосков, отошли вместе с похитительницей престола.

Теперь женщины стали пастушками с кудрявыми головами.

Итак, одна из них рухнула в краткий обморок.

Поднятая с полу своей покровительницей и пробудившись от бесчувствия, она рассказала: у нее в тот час было назначено любовное свидание с офицером.

Она не могла, однако, отлучиться из верхнего этажа и вдруг, посмотрев в окно, увидела, что распаленный офицер, позабыв осторожность, а может быть и не зная о том, стоит у самого окна императора и посылает ей наверх знаки.

Она махнула ему рукой, сделала ужас глазами, но любовник понял это так, будто омерзел ей, и жалобно закричал: "караул".

В тот же миг, не растерявшись, она приплюснула пальцем нос и указала вниз. После этого курносого знака офицер обомлел и скрылся.

Больше она его не видела, а по быстроте любовного случая, который произошел накануне, даже не знала его фамилии.

Теперь его обнаружили и сослали в Сибирь.

Нелидова стала думать.

Ее случай был на ущербе, и хоть она себе в этом не хотела сознаться, но ее туфля уже не могла больше летать.

С адъютантом она была холодна, и ей не хотелось обращаться к нему.

Состояние императора было сомнительно. В таких случаях она обращалась теперь к одному партикулярному, но могущественному человеку, Юрию Александровичу Нелединскому—Мелецкому.

Она так и сделала и послала к нему камер-лакея с запиской.

Дюжий камер-лакей, передавая уже не впервые эти записки, всегда удивлялся мизерности могущественного человека. Мелецкий был певец и статс-секретарь. Он был певец "Быстрой реченьки" и сладострастен к пастушкам. Вид его был самый маленький, рот сладостен, а брови мохнаты. Но он был к тому же великий хитрец и, глядя вверх на плечистого камер-лакея, сказал:

— Скажи, чтоб не было беспокойства. Пусть ждут. Все сие решится.

Но сам он немного трусил, вовсе не зная, как все это решится, и когда в дверь сунулась к нему одна из его юных пастушек, которую раньше звали Авдотьей, а теперь Селименою, он свирепо повел бровями.

Дворня Юрия Александровича состояла по большей части из юных пастушек.

12

Часовые шли и шли.

От шлагбаума к шлагбауму, от поста к крепости, они шли прямо и с опаскою посматривали на важное пространство, шедшее между ними.

Сопровождать сосланного в Сибирь им приходилось не впервой, но им еще никогда не случалось вести такого преступника. Когда они вышли за черту города, у них было сомнение. Не слышно было звука цепей и не нужно было подгонять прикладами. Но потом они подумали, что дело казенное и бумага при них. Они мало разговаривали, так как это было запрещено.

На первом посту смотритель посмотрел на них, как на сумасшедших, и они смутились. Но старший показал бумагу, в которой было сказано, что арестант секретный и фигуры не имеет, и смотритель захлопотал и отвел им для ночлега особую камеру в три нары. Он избегал разговаривать с ними и так юлил, что часовые невольно почувствовали свое значение.

Ко второму — большому — посту они подошли уже уверенно, с важным молчаливым видом, и старший просто бросил бумагу на комендантский стол. И этот точно так же заюлил и захлопотал, как первый.

Понемногу они начали понимать, что сопровождают важного преступника.

Они привыкли и значительно говорили между собою: "он" или "оно".

Так они зашли уже в глубь Российской империи, по той же прямой и протоптанной Владимирской дороге.

И пустое пространство, терпеливо шедшее между ними, менялось: то это был ветер, то пыль, то усталая, сбившаяся с ног жара позднего лета.

13

Между тем по той же Владимирской дороге шел за ними вдогонку от заставы к заставе, от крепости к крепости важный приказ.

Юрий Александрович Нелединский-Мелецкий сказал: ждать, и в этом не ошибся.

Потому что великий страх Павла Петровича медленно, но верно переходил в жалость к самому себе, в умиление.

Император поворачивался спиною к звероподобным садовым кустам и, побродив в пустоте, обращался к изящному чувству Камерона.

Он согнул в бараний рог всех губернаторов и генералов матери, он запрятал их в имения, где они отсиживались. Он должен был так сделать. И что же? Вокруг образовалась большая пустота.

Он вывесил ящик для жалоб и писем перед своим замком, потому что ведь он, а не кто другой, был отцом отечества. Сначала ящик пустовал, — и это его огорчало, потому что отечество должно разговаривать с отцом. Потом в ящике было найдено подметное письмо, в котором его называли: батька курносый, и угрожали.

Он посмотрел тогда в зеркало.

— Курнос, сударики, точно курнос, — прохрипел он и велел ящик снять.

Он предпринял путешествие по этому странному отечеству. Он загнал в Сибирь губернатора, который осмелился положить в своей губернии для его проезда новые мосты. Путешествие было не маменькино: все должно быть так, как есть, а не

72

принаряжено. Но отечество молчало. На Волге собрались было вокруг него мужики. Он послал парня зачерпнуть воды с середины реки, чтобы выпить чисто воды.

Он выпил эту воду и сказал сипло мужикам:

— Вот пью вашу воду. Что глазеете? И вокруг стало пусто.

Больше в путешествие он не ездил и вместо ящика поставил на каждом форпосте крепких часовых, но не знал, верны ли они, и не знал, кого нужно опасаться.

Кругом была измена и пустота.

Он нашел секрет, как избыть их, — и ввел точность и совершенное подчинение. Заработали канцелярии. Считалось, что себе он берет власть только исполнительную. Но как-то так случилось, что исполнительная власть путала все канцелярии, и поэтому были: сомнительная измена, пустота и лукавое подчинение. Он казался сам себе случайным пловцом, воздымающим среди ярых волн пустые руки, — некогда он видел такую гравюру.

А между тем он был единственный после долгих лет законный самодержец.

И его тяготило желание опереться на отца, хотя бы мертвого. Он вырыл из могилы убитого вилкою немецкого недоумка, который считался его отцом, и поставил гроб рядом с гробом похитительницы престола. Но это было сделано так, более в отместку мертвой матери, при жизни которой он жил как ежеминутно приговоренный к казни.

Да и была ли она его матерью?

Он знал что-то смутное о скандале своего рождения. Он был человек безродный, лишенный даже мертвого отца, даже мертвой матери.

Он никогда обо всем этом не думал и велел бы выстрелить из пушки человеком, который бы его заподозрил в таких мыслях.

Но в такие минуты ему бывали приятны даже малые шалости и китайские домики его Трианона. Он становился самым прямым другом натуры и желал всеобщей любви или хотя бы чьей-нибудь.

Это шло припадком, и тогда грубость считалась откровенностью, глупость — прямотой, хитрость — добротой, и денщик-турок, который ваксил его сапоги, делался графом.

Юрий Александрович всегда верхним чутьем чуял перемену.

Он выждал с неделю, а потом почуял.

Тихими, но веселыми шагами он потоптался вокруг стеклянной ширмы и вдруг рассказал императору в покрове простоты все, что знал о подпоручике Киже, за исключением, разумеется, подробности о курносом знаке.

Тут император захохотал таким лающим, таким собачьим, хриплым и прерывистым смехом, как будто он пугал кого-нибудь.

Юрий Александрович обеспокоился.

Он хотел оказать приятность Нелидовой, у которой был домовым приятелем, и показать мимоходом свое значение — ибо, по немецкой пословице, ходкой тогда, umsonst ist der Tod — даром одна смерть. Но такой хохот мог сразу вогнать Юрия Александровича во вторую роль или даже быть орудием его уничтожения.

Может быть, это сарказмы?

Но нет, император изнемог от смеха. Он протянул руку за пером, и Юрий Александрович, привстав на цыпочки, прочел вслед на императорской рукой:

ПОДПОРУЧИКА КИЖЕ, В СИБИРЬ СОСЛАННОГО, ВЕРНУТЬ, ПРОИЗВЕСТИ В ПОРУЧИКИ И НА ТОЙ ФРЕЙЛИНЕ ЖЕНИТЬ.

Написав это, император прошелся по комнате с вдохновением.

Он ударил в ладоши и запел свою любимую песню и стал присвистывать:

Ельник, мой ельник,

Частый мой березник...

А Юрий Александрович тонким и очень тихим голосом подхватил:

Люшеньки люли.

14

Искусанный пес любит уходить в поле и лечиться там горькими травами.

Поручик Синюхаев шел пешком из С.—Петербурга в Гатчину. Он шел к отцу, не для того чтобы просить помощи, а так, может быть, из желания проверить, существует ли отец в Гатчине или, может быть, не существует. На отцовский привет он ничего не ответил, посмотрел кругом и уже собрался уходить, как стесняющийся и даже жеманничающий человек.

Но лекарь, увидев изъяны в его одежде, усадил его и начал допытываться:

— Ты проигрался или проштрафился?

— Я не живой, — вдруг сказал поручик.

Лекарь пощупал пульс, сказал что-то о пиявках и продолжал допытываться.

Когда он узнал о сыновней оплошности, он взволновался, целый час писал и переписывал прошение, заставил сына его подписать и назавтра пошел к барону Аракчееву, чтобы вместе с суточным рапортом передать его. Сына он, однако, постеснялся держать у себя дома, а положил его в гошпиталь и написал на доске над его кроватью:

Mors occasional

Случайная смерть

15

Барона Аракчеева тревожила идея государства. Поэтому его характер мало поддавался определению, он был неуловим.

Барон не был злопамятен, бывал иногда и снисходителен. При рассказе какой-нибудь печальной истории он слезился, как дитя, и давал садовой девочке, обходя сад, копейку. Потом, заметив, что дорожки в саду нечисто выметены, приказывал бить девочку розгами. По окончании же экзекуции выдавал девочке пятачок.

В присутствии императора он чувствовал слабость, похожую на любовь.

Он любил чистоту, она была эмблемою его нрава. Но бывал доволен именно тогда, когда находил изъяны в чистоте и порядке, и, если их не оказывалось, втайне огорчался. Вместо свежего жаркого он ел всегда солонину.

Он был рассеян, как философ. И правда, ученые немцы находили сходство в его глазах с глазами известного тогда в Германии философа Канта: они были жидкого, неопределенного цвета и подернуты прозрачной пеленой. Но барон обиделся, когда ему Кто-то сказал об этом сходстве.

Он был не только скуп, но любил и блеснуть и показать все в лучшем виде. Для этого он входил в малейшие хозяйственные подробности. Он сидел над проектами часовен, орденов, образов и обеденного стола. Его прельщали круги, эллипсы и линии, которые, переплетаясь, как ремни в треххвостке, давали постройку, способную обмануть глаз. А он любил обмануть посетителя или обмануть императора и притвориться, что не видит, когда кто ухитрялся и его обмануть. Обмануть же его, конечно, было трудно.

Он имел подробную опись вещам каждого из своих людей, начиная с камердинера и кончая поваренком, и проверял все гошпитальные описи.

При устройстве гошпиталя, в котором служил отец поручика Синюхаева, барон сам показывал, как поставить кровати, куда скамейки, где должен быть ординаторский столик и даже какого вида должно быть перо, то есть голое, без бородки, в виде римского calamus — тростника. За перо, очиненное с бородкою, подлекарю полагалось пять розог.

Идея римского государства тревожила барона Аракчеева.

Поэтому он рассеянно выслушал лекаря Синюхаева и только когда тот протянул прошение, он внимательно прочел его и сделал выговор лекарю, что бумага подписана нечеткою рукой.

Лекарь извинился тем, что у сына рука дрожит.

— Ага, братец, вот видишь, — ответил барон с удовольствием, — и рука дрожит.

Потом, поглядев на лекаря, он спросил его:

— А когда приключилась смерть?

— Иуня пятнадцатого, — ответил, несколько оторопев, лекарь.

— Иуня пятнадцатого, — протянул барон, соображая, — иуня пятнадцатого... А теперь уже семнадцатое, — сказал он вдруг в упор лекарю. — Где же был мертвец два дня?

Ухмыльнувшись на лекарский вид, он кисло заглянул в прошение и сказал:

— Вот какие неисправности. Теперь прощай, братец, поди.

16

Певец и статс-секретарь Мелецкий действовал на ура, он рисковал и часто выигрывал, потому что все представлял в нежном виде, под стать краскам Камерона, но выигрыши сменялись проигрышами, как в игре кадрилия.

У барона Аракчеева была другая повадка. Он не рисковал, ни за что не ручался. Напротив, в донесениях императору он указывал на злоупотребление — вот оно — и тут же испрашивал разрешения, какими мерами его уничтожить.

Умаление, которым рисковал Мелецкий, барон сам производил над собою. Зато выигрыш вдали мелькал большой, как в игре фаро.

Он сухо донес императору, что умерший поручик Синюхаев явился в Гатчину, где и положен в гошпиталь. Причем сказался живым и подал прошение о восстановлении в списках. Каковое препровождается и испрашивается дальнейшее распоряжение. Он хотел показать покорность этой бумагой, как рачительный приказчик, обо всем спрашивающий хозяина.

Ответ получил скоро, — и на прошение и барону Аракчееву в особенности.

На прошение была наложена резолюция:

БЫВШЕМУ ПОРУЧИКУ СИНЮХАЕВУ, ВЫКЛЮЧЕННОМУ ИЗ СПИСКА ЗА СМЕРТЬЮ, ОТКАЗАТЬ ПО ТОЙ ЖЕ САМОЙ ПРИЧИНЕ.

А барону Аракчееву была прислана записка:

ГОСПОДИН БАРОН АРАКЧЕЕВ.

УДИВЛЯЮСЬ, ЧТО, БУДУЧИ В ЧИНЕ ГЕНЕРАЛА, НЕ ЗНАЕТЕ УСТАВА, НАПРАВЛЯЯ ПРЯМО КО МНЕ ПРОШЕНИЕ УМЕРШЕГО ПОРУЧИКА СИНЮХАЕВА, К ТОМУ И НЕ ВАШЕГО ПОЛКА, КОТОРОЕ НАДЛЕЖАЛО СНАЧАЛА НАПРАВИТЬ СОБСТВЕННО В КАНЦЕЛЯРИЮ ПОЛКА, КОТОРОГО ЭТОТ ПОРУЧИК, А НЕ МЕНЯ ПРЯМО ОБРЕМЕНЯТЬ ТАКОВЫМ ПРОШЕНИЕМ.
ВПРОЧЕМ,ПРЕБЫВАЮ К ВАМ БЛАГОСКЛОННЫЙ

ПАВЕЛ.

Не было сказано: "навсегда благосклонный".

И Аракчеев прослезился, так как смерть не любил получать выговоры. Он сам пошел в гошпиталь и велел немедля гнать умершего поручика, выдав ему белье, а офицерскую одежду, значащуюся в описи, задержать.

17

Когда поручик Киже вернулся из Сибири, о нем уже знали многие. Это был тот самый поручик, который крикнул "караул" под окном императора, был наказан и сослан в Сибирь, а потом помилован и сделан поручиком. Таковы были вполне определенные черты его жизни.

Командир уже не чувствовал никакого стеснения с ним и просто назначал то в караул, то на дежурства. Когда полк выступал в лагери для маневров, поручик выступал вместе с ним. Он был исправный офицер, потому что ничего дурного за ним нельзя было заметить.

Фрейлина, краткий обморок которой спас его, сначала обрадовалась, думая, что ее соединяют с внезапным любовником. Она поставила мушку на щеку и затянула несходившуюся шнуровку. Потом в церкви она заметила, что стоит одиноко, а над соседним пустым местом держит венец адъютант. Она хотела уже снова упасть в обморок, но так как держала глаза опущенными ниц и видела свою талию, то раздумала. Некоторая таинственность обряда, при котором жених не присутствовал, многим понравилась.

И через некоторое время у поручика Киже родился сын, по слухам похожий на него.

Император забыл о нем. У него было много дел.

Быстрая Нелидова была отставлена, и ее место заняла пухлая Гагарина.

Камерон, швейцарские домики и даже все Павловское были забыты. В кирпичном аккурате лежал приземистый и солдатский С.—Петербург. Суворов, которого император не любил, но терпел, потому что тот враждовал с покойным Потемкиным, был потревожен в своем деревенском уединении. Приближалась кампания, так как у императора были планы. Планов этих было много, и нередко один заскакивал за другой. Павел Петрович раздался в ширину и осел. Лицо его стало кирпичного цвета. Суворов опять впал в немилость. Император все реже смеялся.

Перебирая полковые списки, он наткнулся раз на имя поручика Киже и назначил его капитаном, а в другой раз полковником. Поручик был исправный офицер. Потом император снова забыл о нем.

Жизнь полковника Киже протекала незаметно, и все с этим примирились.

Дома у него был свой кабинет, в казарме своя комната, и иногда туда заносили донесения и приказы, не слишком удивляясь отсутствию полковника.

Он уже командовал полком.

Лучше всего чувствовала себя в громадной двуспальной кровати фрейлина.

Муж подвигался по службе, спать было удобно, сын подрастал. Иногда супружеское место полковника согревалось каким-либо поручиком, капитаном или же статским лицом. Так, впрочем, бывало во многих полковничьих постелях С.—Петербурга, хозяева которых были в походе.

Однажды, когда утомившийся любовник спал, ей

послышался скрип в соседней комнате. Скрип повторился. Без сомнения, это рассыхался пол. Но она мгновенно растолкала заснувшего, вытолкала его и бросила ему в дверь одежду.

Опомнившись, она смеялась над собой.

Но и это случалось во многих полковничьих домах.

18

От мужиков пахло ветром, от баб дымом.

Поручик Синюхаев никому не смотрел прямо в лицо и различал людей по запаху.

По запаху он выбирал место для ночлега, причем норовил спать под деревом, потому что под деревом дождь не так мочит.

Он шел, нигде не задерживаясь.

Он проходил чухонские деревни, как проходил реку плоский камешек, "блинок", пускаемый мальчишкой, — почти не задевая. Изредка чухонка давала ему молока. Он пил стоя и уходил дальше. Ребятишки затихали и блистали белесыми соплями. Деревня смыкалась за ним.

Его походка мало изменилась. От ходьбы она развинтилась, но эта мякинная, развинченная, даже игрушечная походка была все же офицерская, военная походка.

Он не разбирался в направлениях. Но эти направления можно было определить. Уклоняясь, делая зигзаги, подобные молниям на картинах, изображающих всемирный потоп, он давал круги, и круги эти медленно сужались.

Так прошел год, пока круг сомкнулся точкой, и он вступил в С.—Петербург. Вступя, он обошел его кругом из конца в конец.

Потом он начал кружить по городу, и ему случалось неделями делать один и тот же круг.

Шел он быстро, все тою же своей военной, развинченной походкой, при которой ноги и руки казались нарочно подвешенными.

Лавочники его ненавидели.

Когда ему случалось проходить по Гостиному ряду, они покрикивали вслед:

— Приходи вчера.

— Играй назад.

О нем говорили, что он приносит неудачу, а бабы-калашницы, чтобы откупиться от его глаза, давали ему, молчаливо сговорясь, по калачу.

79

Мальчишки, которые во все эпохи превосходно улавливают слабые черты, бежали за ним и кричали:

— Подвешенной!

19

В С.-Петербурге часовые у замка Павла Петровича прокричали:

— Император спит.

Этот крик повторили алебардщики на перекрестках:

— Император спит.

И от этого крика, как от ветра, одна за другой закрылись лавки, а пешеходы попрятались в дома. Это означало вечер.

На Исаакиевской площади толпы мужиков в дерюге, согнанные на работу из деревень, потушили костры и улеглись тут же, на земле, покрывшись гуньками.

Стража с алебардами, прокричав: "Император спит", сама заснула. На Петропавловской крепости ходил, как часы, часовой. В одном кабаке на окраине сидел казацкий молодец, опоясанный лыком, и пил царское вино с извозчиком.

— Батьке курносому скоро конец, — говорил извозчик, — я возил важных господ...

Подъемный мост у замка был поднят, и Павел Петрович смотрел в окно.

Он был пока безопасен, на своем острове.

Но были шепоты и взгляды во дворце, которые он понимал, и на улицах встречные люди падали перед его лошадью на колени со странным выражением.

Так было им заведено, но теперь люди падали в грязь не так, как всегда. Они падали слишком стремительно. Конь был высок, и он качался в седле. Он царствовал слишком быстро. Замок был недостаточно защищен, просторен. Нужно было выбрать комнату поменьше. Павел Петрович, однако, не мог этого сделать — кой-кто тотчас бы заметил. "Нужно бы спрятаться в табакерку", — подумал император, нюхая табак. Свечи он не зажег. Не нужно наводить на след. Он стоял в темноте, в одном белье. У окна он вел счет людям. Делал перестановки, вычеркивал из памяти Беннигсена, вносил Олсуфьева. Список не сходился.

— Тут моего счета нету...

— Аракчеев глуп, — сказал он негромко.

— ...vague incertitude[18], которою сей угодствует... У подъемного моста еле был виден часовой.

— Надобно, — сказал по привычке Павел Петрович. Он барабанил пальцами по табакерке.

— Надобно, — он припоминал и барабанил, и вдруг перестал. Все, что надобно, уже давно сделалось, и это оказалось недостаточным.

— Надобно заключить Александра Павловича, — он поторопился и махнул рукой.

— Надобно... Что надобно?

Он лег и быстро, как все делал, юркнул под одеяло. Он заснул крепким сном.

В семь часов утра он вдруг, толчком, проснулся и вспомнил: надобно приблизить человека простого и скромного, который был бы всецело обязан ему, а всех прочих сменить.

И заснул опять.

20

Наутро Павел Петрович просматривал приказы. Полковник Киже был внезапно произведен в генералы. Это был полковник, который не клянчил имений, не лез в люди за дяденькиной спиной, не хвастун, не щелкун. Он нес службу без ропота и шума.

Павел Петрович потребовал его формулярные списки. Он остановился над бумагой, из которой явствовало, что полковник подпоручиком был сослан в Сибирь за крик под императорским окном: "Караул". Он кое—что в тумане вспомнил и улыбнулся. Там была какая-то легкая любовная история.

Как кстати был бы теперь человек, который в нужное время крикнул бы "Караул" под окном. Он пожаловал генералу Киже усадьбу и тысячу душ.

Вечером того же дня имя генерала Киже всплыло на поверхность. О нем говорили.

Некто слышал, как государь сказал графу Палену с улыбкой, которой давно не видали:

— Дивизией погоди его обременять. Он потребен на важнейшее.

Никто, кроме Беннигсена, не хотел сознаться, что ничего не знает о генерале. Пален щурился.

---

[18] Пустая нерешительность (фр.)

Обер-камергер Александр Львович Нарышкин вспомнил генерала:

— Ну да, полковник Киже... Я помню. Он махался с Сандуновой...

— На маневрах под Красным...

— Помнится, родственник Олсуфьеву, Федору Яковлевичу...

— Он не родственник Олсуфьеву, граф. Полковник Киже из Франции. Его отец был обезглавлен чернью в Тулоне.

21

События шли быстро. Генерал Киже был вызван к императору. В тот же день императору донесли, что генерал опасно заболел.

Он крякнул с досадой и отвертел пуговицу у Палена, принесшего весть. Он прохрипел:

— Положить в гошпиталь, вылечить. И если, сударь, не вылечат...

Императорский камер-лакей ездил в гошпиталь дважды в день справляться о здоровье.

В большой палате, за наглухо закрытыми дверьми, суетились лекаря, дрожа, как больные.

К вечеру третьего дня генерал Киже скончался.

Павел Петрович уже не сердился. Он посмотрел на всех туманным взглядом и удалился к себе.

22

Похороны генерала Киже долго не забывались С.— Петербургом, и некоторые мемуаристы сохранили их подробности.

Полк шел со свернутыми знаменами. Тридцать придворных карет, пустых и наполненных, покачивались сзади. Так хотел император. На подушках несли ордена.

За черным тяжелым гробом шла жена, ведя за руку ребенка.

И она плакала.

Когда процессия проходила мимо замка Павла Петровича, он медленно, сам-друг, выехал на мост ее смотреть и поднял обнаженную шпагу.

— У меня умирают лучшие люди.

Потом, пропустив мимо себя придворные кареты, он сказал по латыни, глядя им вслед:

— Sic transit gloria mundi[19].

23

Так был похоронен генерал Киже, выполнив все, что можно было в жизни, и наполненный всем этим: молодостью и любовным приключением, наказанием и ссылкою, годами службы, семьей, внезапной милостью императора и завистью придворных.

Имя его значится в "С.—Петербургском Некрополе", и некоторые историки вскользь упоминают о нем.

В "Петербургском Некрополе" не встречается имени умершего поручика Синюхаева.

Он исчез без остатка, рассыпался в прах, в мякину, словно никогда не существовал.

А Павел Петрович умер в марте того же года, что и генерал Киже, — по официальным известиям, от апоплексии.

_____

[19] Так проходит слава мира (лат.)

ВОСКОВАЯ ПЕРСОНА

ГЛАВА ПЕРВАЯ

Доктор вернейший, потщись мя лечити,
Болезненну рану от мя отлучити.

Акт о Калеандре

1

Еще в четверг было пито. И как пито было! А теперь он кричал день и ночь и осип, теперь он умирал.

А как было пито в четверг! Но теперь архиятр Блументрост подавал мало надежды. Якова Тургенева гузном тогда сажали в лохань, а в лохани были яйца.

Но веселья тогда не было и было трудно. Тургенев был старый мужик, клекотал курицей и потом плакал — это трудно ему пришлось.

Каналы не были доделаны, бечевник невский разорен, неисполнение приказа. И неужели так, посреди трудов недоконченных, приходилось теперь взаправду умирать?

От сестры был гоним: она была хитра и зла. Монахине несносен: она была глупа. Сын ненавидел: был упрям. Любимец, миньон, Данилович — вор. И открылась цедула от Вилима Ивановича к хозяйке, с составом питья, такого питьеца, не про кого другого, про самого хозяина.

Он забился всем телом на кровати до самого парусинного потолка, кровать заходила, как корабль. Это были судороги от болезни, но он еще бился и сам, нарочно.

Екатерина наклонилась над ним тем, чем брала его за душу, за мясо, —

И он подчинился.

Которые целовал еще два месяца назад господин камергер Монс, Вилим Иванович. Он затих.

В соседней комнате итальянский лекарь Лацаритти, черный и маленький, весь щуплый, грел красные ручки, а тот аглицкий, Горн, точил длинный и острый ножик — резать его.

Монсову голову настояли в спирту, и она в склянке теперь стояла в куншткаморе, для науки.

На кого оставлять ту великую науку, все то устройство, государство и, наконец, немалое искусство художества?

О Катя, Катя, матка! Грубейшая!

2

Данилыч, герцог Ижорский, теперь вовсе не раздевался. Он сидел в своей спальной комнате и подремывал: не идут ли?

Он уж так давно приучился посиживать и сидя дремать: ждал гибели за монастырское пограбление, почепское межевание и великие дачи, которые ему давали: кто по сту тысячей, а кто по пятьдесят ефимков; от городов и от мужиков; от иностранцев разных состояний и от королевского двора; а потом — при подрядах на чужое имя, обшивке войска, изготовлении негодных портищ — и прямо из казны. У него был нос вострый, пламенный, и сухие руки. Он любил, чтоб все огнем горело в руках, чтоб всего было много и все было самое наилучшее, чтобы все было стройно и бережно.

По вечерам он считал свои убытки:

— Васильевский остров был мне подаренный, а потом в одночасье отобран.

В последнем жалованье по войскам обнесен. И только одно для меня великое утешение будет, если город Батурин подарят.

Светлейший князь Данилыч обыкновенно призывал своего министра Волкова и спрашивал у него отчета, сколько маетностей числится у него по сей час.

Потом запирался, вспоминал последнюю цифру, пятьдесят две тысячи подданных душ, или вспоминал об убойном и сальном промысле, что был у него в архангельском Городе, — и чувствовал некоторую потаенную сладость у самых губ, сладость от маетностей, что много всего имеет, больше всех, и что все у него растет. Водил войска, строил быстро и рачительно, был прилежный и охотный господин, но миновались походы и кончались канальные строения, а рука была все сухая, горячая, ей работа была нужна, или нужна была баба, или дача?

Данилыч, князь Римский, полюбил дачу.

Он уже не мог обнять глазом всех своих маетностей, сколько ему принадлежало городов, селений и душ, — и сам себе иногда удивлялся:

— Чем боле володею, тем боле рука горит.

Он иногда просыпался по ночам, в своей глубокой алькове, смотрел на Михайловну, герцогиню ижорскую, и вздыхал:

— Ох, дура, дура!

Потом, оборотясь пламенным глазом к окну, к тем азиятским цветным стеклышкам, или уставясь в кожаные расписные потолки, исчислял, сколько будет у него от казны интересу; чтоб показать в счетах менее, а на самом деле получить более хлеба. И выходило не то тысяч на пятьсот ефимков, не то на все шестьсот пятьдесят. И он чувствовал уязвление. Потом опять долго смотрел на Михайловну:

— Губастая!

И тут вертко и быстро вдевал ступни в татарские туфли и шел на другую половину, к свояченице Варваре. Та его понимала лучше, с той он разговаривал и так и сяк, аж до самого утра. И это его услаждало. Старые дурни говорили: нельзя, грех. А комната рядом, и можно. От этого он чувствовал государственную смелость.

Но полюбил притом мелкую дачу и так иногда говорил свояченице Варваре или той же Михайловне, Почепской графине:

— Что мне за радость от маетностей, когда я их не могу всех зараз видеть или даже взять в понятие? Видал я десять тысяч человек в строях или таборах, и то — тьма, а у меня на сей час по ведомости господина министра Волкова их пятьдесят две тысячи душ, кроме еще нищих и старых гулящих. Это нельзя понять. А дача, она у меня в руке, в пяти пальцах зажата, как живая.

И теперь, по прошествии многих мелких и крупных дач и грабительств и ссылке всех неистовых врагов: барона Шафирки, еврея, и многих других, он сидел и ждал суда и казни, а сам все думал, сжав зубы:

"Отдам половину, отшучусь".

А выпив ренского, представлял уже некоторый сладостный город, свой собственный, и прибавлял:

— Но уж Батурин — мне.

А потом пошло все хуже и хуже; и легко было понять, что может быть выем обеих ноздрей — каторга.

Оставалась одна надежда в этом упадке: было переведено много денег на Лондон и Амстердам, и впоследствии пригодятся.

Но кто родился под планетой Венерой-Брюс говорил про того: исполнение желаний и избавление из тесных мест. Вот сам и заболел.

Теперь Данилыч сидел и ждал: когда позовут? Михайловна все молилась, чтоб уж поскорей.

И две ночи он уже так сидел в параде, во всей форме.

И вот, когда он так сидел и ждал, под вечер вошел к нему слуга и сказал:

— Граф Растреллий, по особому делу.

— Что ж его черти принесли? — удивился герцог. — И графство его негодное.

Но вот уже входил сам граф Растреллий. Его графство было не настоящее, а папежское: папа за что-то дал ему графство, или он это графство купил у папы, а сам он был не кто иной, как художник искусства.

3

Его пропустили с подмастерьем, господином Лежандром. Господин Лежандр шел по улицам с фонарем и освещал дорогу Растреллию, а потом внизу доложил, что просит пропустить к герцогу и его, подмастерья, господина Лежандра, потому что бойчей знает говорить по-немецки.

Их допустили.

По лестнице граф Растреллий всходил бодро и щупал рукой перилы, как будто то был набалдашник его собственной трости. У него были руки круглые, красные, малого размера. Ни на что кругом он не смотрел, потому что дом строил немец Шедель, а что немец мог построить, то было неинтересно Растреллию. А в кабинетной — стоял гордо и скромно. Рост его был мал, живот велик, щеки толстые, ноги малые, как женские, и руки круглые. Он опирался на трость и сильно сопел носом, потому что запыхался. Нос его был бугровый, бугристый, цвета бурдо, как губка или голландский туф, которым обделан фонтан. Нос был как у тритона, потому что от водки и от большого искусства граф Растреллий сильно дышал. Он любил круглоту и ссли изображал Нептуна, то именно брадатого, и чтоб вокруг плескались морские девки. Так накруглил он по Неве до ста бронзовых штук, и все забавные, на Езоповы басни: против самого Меньшикова дома стоял, например, бронзовый портрет лягушки, которая дулась так, что под конец лопнула. Эта лягушка была как живая, глаза у ней вылезли. Такого человека, если б кто переманил, то мало бы дать миллион: у него в одном пальце было больше радости и художества, чем у всех немцев. Он в один свой проезд от Парижа до Петербурка издержал десять тысяч французской монетой. Этого Меньшиков до сих пор не мог позабыть. И даже уважал за это. Сколько искусств он один мог производить? Меньшиков с удивлением смотрел на его толстые икры. Уж больно толстые икры, видно, что крепкий человек. Но, конечно, Данилыч, как герцог, сидел в креслах и слушал, а Растреллий стоял и говорил.

Что он говорил по-итальянски и французски, господин подмастерье Лежандр говорил по-немецки, а министр Волков понимал и уж тогда докладывал герцогу Ижорскому по-русски.

Граф Растреллий поклонился и произнес, что дук д'Ижора — изящный господин и великолепный покровитель искусств, отец их, и что он только для того и пришел.

— Ваша алтесса — отец всех искусств, — так передал это господин подмастерье Лежандр, но сказал вместо "искусств": "штук", потому что знал польское слово — штука, обозначающее: искусство.

Тут министр господин Волков подумал, что дело идет о грудных и бронзовых штуках, но Данилович, сам герцог, это отверг: ночью в такое время — и о штуках.

Он ждал.

Но тут граф Растреллий принес жалобу на господина де Каравакка.

Каравакк был художник для малых вещей, писал персоны небольшим размером и приехал одновременно с графом. Но дук явил свою патронскую милость и начал употреблять его как исторического мастера и именно ему отдал подряд изобразить Полтавскую битву. А теперь до графа дошел слух, что готовится со стороны господина де Каравакка такое дело, что он пришел просить дука в это дело вмешаться.

Слово "Каравакк" Растреллий картавил, грозно, с презрением, как бы каркал. Слюна брызгала у него изо рта.

Тут Данилыч нацелился глазом: зрелище художника стало ему приятно.

— Пусть говорит о деле, — сказал он, — для чего у них стала ссора с Коровяком. Коровяк вострый маляр и берет дешевле. — Ему была приятна ссора Растреллия с Каравакком, и если б не такое время, он что бы сделал? Он созвал бы гостей, да позвал бы того Растреллия и Коровяка, и стравил бы их, аж до драки. Как петухов, этого толстого с тем, с чернявым.

Тут Растреллий сказал, а господин Лежандр пояснил:

— Дошло до его слуха, что когда император помрет, то господин де Каравакк хочет делать с него маску, и господин де Каравакк не умеет делать масок, а маски с мертвых умеет делать он, Растреллий.

Но тут Меньшиков легонько вытянулся в креслах, воздушно соскочил с них и подбежал к двери. Заглянул за дверь и потом долго глядел в окошко; он смотрел, нет ли где изыскателей и доносителей.

Потом он приступил к Растреллию и сказал так:

— Ты что бредишь непотребные слова, относящиеся к самой персоне? Император жив и нынче получил облегчение.

Но тут граф Растреллий сильно махнул головой с отрицанием.

— Император, конечно, умрет в четыре дня, — сказал он, — так говорил мне господин врач Лацаритти.

И тут же, поясняя речь, ткнул двумя толстыми и малыми пальцами вниз, в пол, — что именно в четыре дня император, конечно, пойдет уже в землю.

И тут Данилыч почувствовал легкий озноб и потрясение, потому что никто еще из посторонних так явно не говорил о царской смерти. Он почувствовал восторг, что как бы восторгают его над полом и он как бы возносится в воздухе над своим состоянием. Все переменилось в нем. И уже за столом и в креслах сидел спокойный человек, отец искусств, который более не интересовался мелкой дачей.

Тут Растреллий сказал, а господин подмастерье Лежандр и министр Волков перевели, каждый по-своему:

— Он, Растреллий, это хочет для того сделать, что той любопытной маской он надеется приобрести большое внимание при иностранных дворах, и у Цесаря, равно как и во Франции. А зато обещается он, Растреллий, сделать маску и с самого герцога, когда тот умрет, и согласен сделать ему портрет, медный, небольшой, с герцогской дочери.

— Ты ему скажи — я сам с него маску спущу, — сказал Данилыч, — а с дочки пусть сделает середней величины. Дурак.

И Растреллий обещался.

Но потом, потоптавшись, побулькав толстыми губами, он вытянул вдруг правую ручку — на правой ручке горели рубины и карбункулы — и стал говорить до того быстро, что Лежандр и Волков, открыв рты, стояли и ничего не переводили. Его речь была как пузырьки, которые всплывают на воде вокруг купающегося человека и так же быстро лопаются. Пузырьки всплывали и лопались— и наконец купающийся человек нырнул: граф Растреллий захлебнулся.

Потом герцогу доложили: есть искусство изящное и самое верное, так что нельзя портрет отличить от того человека, с которого портрет делан. Ни медь, ни бронза, ни самый мягкий свинец, ни левкос не идут против того вещества, из которого делают портреты художники этого искусства. Искусство это самое древнее и дольше всего держится, еще со времен даже римских императоров. И вещество само лезет в руку, так оно лепко, и малейший выем или выпуклость, оно все передает, стоит надавить, или выпятить ладошкой, или влепить пальцем, или вколупнуть стилем, а потом лицевать, гладить, обладить, обровнять, — и получается: великолепие.

Меньшиков с беспокойством следил за пальцами Растреллия. Маленькие пальцы, кривые от холода и водки, красные, морщинистые, мяли воздушную глину. И наконец, оказалось еще следующее: лет двести назад нашли в итальянской земле девушку, девушка была как живая, и все было как живое и сверху и сзади. То была, одни говорили, статуя работы известного мастера Рафаила, а другие говорили, что Андрея Верокия или Орсиния.

И тут Растреллий захохотал, как смеется растущее дитя: его глаза скрылись, нос сморщился, и он крикнул, торопясь:

— Но то была Юлия, дочь известного Цицерона, живая, то есть не живая, но сама природа сделала со временем ее тем веществом. — И Растреллий захлебнулся. — И то вещество — воск.

— Сколько за тую девку просят? — спросил герцог.

— Она непродажна, — сказал Лежандр.

— Она непродажна, — сказал Волков.

— То и говорить не стоит, — сказал герцог.

Но тут Растреллий поднял вверх малую, толстую руку.

— Скажите дуку Ижорскому, — приказал он, — что со всех великих государей, когда умирают, непременно делают по точной мерке такие восковые портреты. И есть портрет покойного короля Луи Четырнадцатого, и его делал славный мастер Антон Бенуа — мой учитель и наставник в этом деле, и теперь во всех европейских землях, больших и малых, остался для этого дела один мастер: и тот мастер — я.

И пальцем ткнул себя в грудь и поклонился широко и пышно дуку Ижорскому, Данилычу.

Спокойно сидел Данилыч и спросил у мастера:

— А ростом портрет велик ли? Растреллий ответил:

— Портрет мелок, как сам покойный французский государь был мал; рот у него женский; нос как у орла клюв; но нижняя губа сильна и знатный подбородок. Одет он в кружева, и есть способ, чтоб он вскакивал и показывал рукой благоволение посетителям, потому что он стоит в музее.

Тут руки у Данилыча задвигались: он был малознающ в устройствах, но роскошен и любил вещи. Он не любил художества, а любил досужество. Но по привычке спросил, как бы из любознания:

— А махина внутри или приделана снаружи, и из стали или железная — или какая?

Но тут же махнул рукой и сказал:

— А обычай тот глуп, чтоб персоне вскакивать и всякому бездельнику оказывать честь, да и не время мне сейчас.

Но после краткого перевода Растреллий поймал воздух в кулак и так поднес герцогу:

— Фортуна, — сказал он, — кто нечаянно ногой наступит — перед тем персона встанет, все то есть испытание фортуны.

И тут наступило полное молчание. Тогда герцог Ижорский вынул из глубокого кармана серебряный футляр, достал из него зубочистку и почистил ею в зубах. — А воск от литья, от фурмов пушечных что остался, — на тот портрет годится? — спросил он потом.

Растреллий дал гордый ответ, что нет, не годится, нужен самый белый воск, но тут вошла Михайловна.

— Зовут, — сказала она.

И Данилыч, светлейший князь, встал, распоряжаться готовый.

4

По Неве дуло два встречных ветра: сиверик — от шведов и мокряк — с мокрого места, и когда они встретились, тогда получился третий ветер: чухонский поперечень.

Сиверик был прямой и курчавый, мокряк — косой, с загибом. Получился чухонский поперечень, поперек всего. Он ходил кругами по Неве, очищая малое место, подымал седую бороду дыбом и потом вставал против мест и покрывал их.

Тогда два молодых волка отстали от большой стаи в лесу за Петровским островом. Два волка бежали по притоку Невы, перебежали его, постояли и посмотрели. Они побежали по Васильевскому острову, по линейной дороге, и опять остановились. Они увидели шалаш и деревянную рогатку. В шалаше спал живой человек, укрывшись. Тут они обошли рогатку; они ровно побежали по узкой тропе, шедшей вдоль дороги. Миновали две мазанки и у самого Меньшикова дома спустились на Неву.

Они осторожно спускались: были навалены камни, запорошены снегом, а кой-где и голые; они, волки, ставили нежно свои лапы. И побежали к жидкому лесу, который видели вдалеке.

В одной избе загорелся свет, или он горел уже раньше, но

только стал теперь ярче, потом в сумерках выскочил человек с мордастыми собаками, потом спустил их, и тут же закричал, и вскоре выстрелил из длинного ружья. Ганс Юрген был повар, а теперь береговой начальник, и это он выскочил из своей избы и выстрелил. Мордастые собаки были его доги. У него их было двенадцать собак.

Волки прижались тогда задами ко льду, и вся их сила ушла в передние лапы. Передние лапы делались все круче, все сильней, волки все более забирали пространства. И они ушли от собак.

Потом выбежали на берег и мимо Летнего сада добежали до Ерика, Фонтанной речки. Тут они пересекли большую Невскую перспективную дорогу, которая на Новгород, мощеную, на ней лежали поперек доски. Потом, перепрыгивая по болотным кочкам, они скрылись в роще по Фонтанной речке.

А от выстрела он проснулся.

5

Всю ночь он трудился во сне, ему снились трудные сны.

А для кого трудился? — Для отечества.

Рукам его снилась ноша. Он эту ношу таскал с одного беспокойного места в другое, а ноги уставали, становились все тоньше и стали под конец совсем тонкие.

Ему снилось, что та, которую все звали Катериной Алексеевной, а он Катеринушкой, а прежде звали драгунской женой, Катериной Василевской, и Скавронской, и Мартой, и как еще там, — вот она уехала. Он вошел в палаты, и захотелось бежать— так все пусто было без нее, а по палатам бродила медведица. На цепи, чернявая волосом и большие лапы, тихий зверь. И зверь был к нему ласков. А Катерина уехала и сказалась неизвестной. И тут солдат и солдатское лицо, надутое, как пузырь, и в мелких морщинах, как рябь по воде.

И он составил ношу и поколол солдата шпагой; тут у него заболело внизу живота, потянуло аж в самую землю, но потом отпустило, хоть и не все.

Все-таки он солдата сволок под мышки и слабыми руками стал разыскивать: расклал на полу и прошел горячим веником по спине. А тот лежит смирно, а кругом хозяйство и многие вещи. Как стал водить веником по солдатской спине, так самого пожгло по спине и сам ослабел и изменился. Стало холодно и боязно, и он заходил ногами как бы не по полу. И солдат высоким голосом все кричал, его голосом, Петровым. Тут стали стрелять издалека шведы, и оп проснулся, понял, что это не он пытал, а его пытали, и сказал, как будто все ото писал письмо Катерине:

— Приезжай посмотреть, как я живу раненый, на мое хозяйство.

Проснулся еще раз и очутился в сумерках, как в утробе, было душно, натопили с вечера. И он полежал без мыслей.

Он переменился даже в величине, у него были слабые ноги и живот пустынный, каменный и трудный.

Он решил не вносить ночные сны в кабинетный журнал, как обычно делал: сны были нелюбопытны, и он их побаивался. Он боялся того солдата и морщин, и неизвестно было, что солдат означает. Но нужно было и с ним справиться.

Потом в комнате несколько рассвело, как будто повар помешал ложкой эту кашу.

Начинался день, и хоть он больше не ходил по делам, но как просыпался, дела словно бродили по нем. Пошел словно в токарню — доточить штуку из кости — остался недоточенный досканец.

Потом словно бы пора ехать на смотрение в разные места — сегодня авторник, не церемониальный день, дожидаются коляски, наряд на все дороги.

Калмыцкую овчину на голову — ив Сенат.

Сенату дать такой указ: на виске не тянуть более разу и веником не жечь, потому что если более и жечь веником, то человек меняется в себе и может себя потерять.

Но дела его быстро оставили, не доходя до конца, и даже до начала, как тень.

Он совсем проснулся.

Печь была натоплена с вечера так, что глазурь калилась и как на глазах лопалась, как будто потрескивала. Комната была малая, сухая, самый воздух лопался, как глазурь, от жары.

Ах, если б малую, сухую голову проняла бы фонтанная прохлада!

Чтобы фонтан напружился и переметнул свою струю — вот тогда разорвало бы болезнь.

А когда все тело проснулось, оно поняло: Петру Михайлову приходит конец, самый конечный и скорый. Самое большее оставалась ему неделя. На меньшее он не соглашался, о меньшем он думать боялся. А Петром Михайловым он звал себя, когда любил или жалел.

И тогда глаза стали смотреть на синие голландские кафли, которые он выписал из Голландии, и здесь пробовал такие кафли завести, да не удалось, на эту печь, которая долго после него простоит, добрая печь.

Отчего те кафли не завелись? Он не вспомнил и смотрел на кафли, и смотрение было самое детское, безо всего.

Мельница ветряная, и павильон с мостом, и корабли трехмачтовые.

И море.

Человек в круглой шляпе пумпует из круглой пумпы, и три цветка, столь толстых, как бы человеческие члены. Садовник.

Прохожий человек, кафтан в талью, обнимает толстую женку, которой приятно. Дорожная забава.

Лошадь с головой как у собаки.

Дерево, кудрявое, похожее на китайское, коляска, в ней человек, а с той стороны башня, и флаг, и птицы летят.

Шалаш, и рядом девка большая, и сомнительно, может ли войти в шалаш, потому что не сделана пропорция.

Голландский монах, плешивый, под колючим деревом читает книгу. На нем толстая дерюга и сидит, оборотясь задом.

И море.

Голубятня, простая, с колонками, а колонки толстые, как колена. И статуи и горшки. Собака позади, с женским лицом, лает. Птица сбоку делает на краул крылом.

Китайская пагода прохладная.

Два толстых человека на мосту, а мост на сваях, как на книжных переплетах. Голландское обыкновение.

Еще мост, подъемный, на цепях, а выем круглый.

Башня, сверху опущен крюк, на крюке веревка, а на веревке мотается кладь. Тащат. А внизу, в канале, лодка и три гребца, на них круглые шляпы, и они везут в лодке корову. И корова с большой головой и ряба, крапленая.

Пастух гонит рогатое стадо, а на горе деревья, колючие, шершавые, как собаки. Летний жар.

Замок, квадратный, старого образца, утки перед замком в заливе, и дерево накренилось. Норд-ост.

И море.

Разоренное строение или руины, и конное войско едет по песку, а стволы голые, и шатры рогатые.

И корабль трехмачтовый и море.

И прощай, море, и прощай, печь.

Прощайте, прекрасные палаты, более не ходить по вас!

Прощай, верея, верейка! На тебе не отправляться к Сенату!

Не дожидайся! Команду распустить, жалованье выдать!

Прощайте, кортик с портупеей! Кафтан! Туфли!

Прощай, море! Сердитое!

Паруса тоже, прощайте!

Канаты просмоленные!

Морской ветер, устерсы!

Парусное дело, фабрические дворы, прощайте!

Дело навигацкое и ружейное!

И ты тоже прощай, шерстобитное дело и валяное дело!

И дело мундира!

Еще прощай, рудный розыск, горы, глубокие, с духотой!

В мыльню сходить, испариться!

Малвазии выпить доктора запрещают!

Еще прощай, адмиральский час, австерия, и вольный дом, и неистовые дома, и охотные бабы, и белые ноги, и домашняя забава! Та приятная работа!

Петергофский огород, прощай! Великолуцкие грабины, липы амстердамские!

Прощайте, господа иностранные государства! Лев Свейский, Змей Китайский!

И ты тоже прощай, немалый корабль!

И неизвестно, на кого тебя оставлять!

Сыны и малые дочки, потроха, потрошонки, все перемерли, а старшего злодея сам прибрал! В пустоту приведут!

Прощай, Питер-Бас, господин капитан бомбардирской роты Петр Михайлов!

От злой и внутренней секретной болезни умираю!

И неизвестно, на кого отечество, и хозяйство, и художества оставляю!

Он плакал без голоса в одеяло, а одеяло было лоскутное, из многих лоскутьев, бархатных, шелковых и бумазейных, как у деревенских детей, теплое. И оно промокло с нижнего краю. Колпак сполз с его широкой головы; голова была стриженая, солдатская, бритый лоб.

Камзол висел на вешалке, давно строен, сроки прошли, и обветшал. К службе более не годится.

А через час придет Катерина, и он знал, что умирает из-за того, что ее не казнил и даже допускает в комнату. А нужно было ее казнить, и тогда бы кровь получила облегчение, он бы выздоровел. А теперь кровь пошла на низ, и задержало, и держит, и не отпускает.

А запечного друга, Данилыча, тоже не казнил и тоже не получил облегчения.

А человек рядом, в каморке, замолчал, не скрипит пером, на счетах не брякает. И не успеть ему на тот гнилой корень топор наложить. Прогнали уже, видно, того человечка из каморы, некому боле его докладов слушать.

Миновал ему срок, продали его, умирает солдатский сын Петр Михайлов!

Губы у него задрожали, и голова стала на подушке запрометываться. Она лежала, смуглая и не горазд большая, с косыми бровями, как лежала семь лет назад голова того, широкоплечего, тоже солдатского сына, голова Алексея, сына Петрова.

А гнева настоящего не было, гнев не приходил, только дрожь. Вот если б рассердиться; он бы рассердился, пощекотала б тогда ему темя хозяйка — он бы поспал и тогда бы выздоровел.

И тут на башню того замка, на которой моталась кладь на веревке, на ту синюю кафлю — вылез запечный таракан. Вылез, остановился и посмотрел.

В жизни было три боязни и все три большие: первая боязнь — вода, вторая — кровь.

Он в детстве боялся воды, у него от этой мути, от надутия больших вод подступало к горлу. И он за то полюбил ботик, что ботик — были стены, была защита от полой воды. И потом привык и полюбил.

Крови он боялся, но малое время. Он видел, ребенком, дядю, которого убили, и дядя был до того красный и освежеванный, как туша в мясном ряду, но дядино лицо бледное, и на лице, как будто налепил маляр, была кровь вместо глаза. И он тогда имел страх и тряску, но было и некоторое любопытство. И любопытство превозмогло, и он стал любопытен к крови.

И третья боязнь была — тот гад, хрущатый таракан. Эта боязнь осталась.

А что в нем было такого, в таракане, чтоб его бояться? — Ничего.

Он появился лет с пятьдесят назад, пришел из Турции в большом числе, в турецкую несчастную кампанию. Он водился в австериях, и в мокрой месте, и в сухом: любил печь. Может, он его боялся оттого, что гад с Туречины? Или что он защельный, тайно прятался в щели, что все время присутствовал, жил, скрывался — и нечаянно выползал? Или его китайских усов?

Он похож был на Федор Юрьича, кесарь—папу, на князь Ромодановского, своими китайскими усами.

Или что он пустой, и, когда его раздавишь, звук от него —

хруп, как от пустого места или же от рыбьего пузыря? Или даже что он, мертвая тварь, весь плоский, как плюсна?

И когда нужно было ехать куда-то ехали вперед рассыльщики и курьеры, и они осматривали домы: где пристать, есть ли гад? А без того не приставал.

Против гада не было изводчика, ни защиты.

А теперь он, Петр, плакал, в его глазах стояли слезы, и он не видел таракана. А когда одеялом утер глаза — тогда увидел.

Таракан стоял, шевелил усами, посматривал, и на нем был черный туск, как на маслине. Куда пойдут те ноги, сорок сороков? Куда они зашуршат? И соскочит на постель и пойдет писать по одеялу. Тогда стало томно его ножным пальцам, он задрожал, натянул одеяло на нос, а потом опростал руку из-под одеяла, чтобы дотянуться рукой до сапога и бросить сапогом в гада, пока тот стоит и не прячется. Но сапог не было, туфля была легкая и не убьет. Он потянулся и за нею, да не мог достать и, повывая, пополз на руках. Какие слабые! Не держат! А грудь — как тюфяк, набитый трухой. Он так полежал, отдохнул. Потом руками дополз до кресел. Кресла были дубовые, точеные, и вместо ручек — женские руки. Он последний раз подержался за дубовые тонкие пальцы, и рука, как в воду, — съехала в воздух — все за туфлей. А туфли нет, и дна нет, и рука поплыла. Тут зубы забили дробь, потому что таракан стоял без его надзора и ждал его или, может, уже двинулся или сорвался куда.

И вдруг таракан в самом деле упал, как неживой, стукнул и был таков. И оба были таковы: Петр Алексеевич лежал без памяти и безо всего, как пьяный.

Его сила вышла. Но он был терпелив и все старался очнуться и скоро очнулся.

Он обернулся, выкатив глаза, на все стороны — куда ушел гад? — посмотрел плохим взглядом поверх лаковых тынков и увидел незнакомое лицо.

Человек сидел налево от кровати, у двери, на скамеечке. Он был молодой, и глаза его были выкачены на него, на Петра, а зубы ляскали и голова тряслась.

Он был как сумасбродный или же как дурак, или ему было холодно. Рядом сидел еще один, старик, и спал. Лицом он был похож как бы на Мусина—Пушкина, из Сената. Молодой же по лицу был немец, из голштейнских.

Тогда Петр посмотрел еще и увидел, что у молодого ляскают зубы, а губы видимо трясутся, но что он не дурак, и сказал слабо:

— Ei, dat is nit permittert[20].

Ему было стыдно, что его таким видит голштейнский, что он забрался в спальную комнату. Но вместе поменьшел и страх.

А когда взглянул на печь, таракана не было, и он обманул себя, что почудилось, не могло того статься, откуда здесь быть таракану? Стал слаб на некоторое время и забылся, а когда раскрыл глаза, увидел троих людей — все трое не спали, а молодой, которого он посчитал за голштейнского, был тоже сенатор, Долгорукий.

Он сказал:

— Кто?

Тогда старик и все встали, и старик сказал, вытянувши руки по швам:

— Наряжены беречь здравие вашего величества. Он закрыл глаза и подремал.

Он не знал, что с этой ночи назначены по трое сенаторов стеречь в спальной. Потом, не смотря, махнул рукой:

— После.

И все трое вышли.

6

А в ту еще ночь в каморе, что рядом со спальной комнатой, — сидел за столом небольшой человек, рябоват, широколиц, невиден. Шелестел бумагами.

Все бумаги были разложены по порядку, чтоб в любое время предстать в спальную комнату и рапортовать. Человек возился ночью с бумагами. Он был генерал-фискал и готовил доклад. Имя было ему: Алексей, фамилия Мякинин, не из застарелых фамилий. Бумаги он копил через фискалов; и самый тихий из них был купецкий фискал, Бусаревский. И писывал, как дело не стоит, как оно не идет, что дано, и что взято, и что утаено в необыкновенных местах. На дачу он имел нюх тонкий, на взятку — верхний, на утайку — нижний.

И когда настала болезнь, позвали того невидного человека, и ему сказано: будь рядом, в каморке, со спальною моей комнатою, сбоку, потому что не могу более ходить в твои места. А ты сиди и пиши и мне докладывай. А обед тебе туда в каморку будут подавать. А сиди и таись. Таись и пиши.

И после того ежедневно в каморке скрып-бряк — человек кидал на счеты огульные числа. И утром второго дня человек

---

[20] Это не разрешается (голл.).

прошел в спальную комнату тайком и рапортовал. После этого рапорта стало дергать губу, и показалась пена.

Человечек стоял и ждал. Он был терпеливый, пережидал, а голову держал набок.

Невидный человек. Потом, когда губодерга поменьшела, человечек поднял лоб, лоб был морщеный — и заметнул взгляд до самой персоны, даже до самых глаз, — и взгляд был простой, ресницы рыжи, этот взгляд бывалый. Тогда человек спросил, потише, как спрашивают о здоровье у хворого человека или у погорелого о доме:

— А как скажешь, сечь ли мне одни только сучья?

Но рот был неподвижен, не дергался более и не отвечал ничего. А глаза были закрыты, и, верно, начиналось внутреннее секретное грызение. Тогда рябой подумал, что тот не расслышал, и спросил еще потише:

— А и скажешь ли наложить топор на весь корень? А тот молчал, и этот все стоял со своими бумагами.

Человек рябой, невидный. Мякинин Алексей. Тогда глаза раскрылись, и тонкий голос, с трещиною, сказал Алексею Мякинину:

— Тли дотла.

А глаз закосил со страхом на Мякинина — показалось, что Мякинин жалеет. Но тот стоял — рыжий, пестрина шла у него по лицу, небольшой человек, спокойный, — служба.

И теперь человек все прикидывал и пришивал толстою иглою, а утром докладывал — лоб на лоб. Бумаги у него были уже толстые. Приходил к нему Бусаревский, купецкий фискал, — был приказ этого человека пропускать во всякое время.

И когда купецкий фискал ушел, Мякинин разом вспотел и потел долго, вытирал лоб рукой, но и руки вспотели. А потом сел, кинул раза два всего на счетах и заскрыпел. Дело первое было светлейшего князя, герцога Ижорского. И как отскрыпел, пришил к нему начало. А начало уже и раньше было — о знатных суммах, которые его светлость переправил в амстердамские и лионские кредиты.

Но это начало так и осталось началом, а он пришил еще другое, самое первое начало — тоже о знатных суммах, которые его светлость положил в Амстердаме и Лионе. Знатнейших суммах. А вспотел он оттого, что те немалые деньги переслала через его светлость в голландский Амстердам и к француженам в Лион не кто иной, как ее самодержавие. Он весь вспотел. А потом заодно пришил ведомость еще неизвестных и тайных дач через Вилима Ивановича, тоже данных ее величеству.

Он особенного дела не завел, а прямо пришил к первому.

Он потому и вспотел, что не знал, как тут быть: затевать особенное дело или нет. И после того как пришил, заботливым оком посмотрел на листы. И отщелкнул на счетах, и кости показали сразу многие тысячи. Тьмы. И скостил, ничего на счетах не было.

Тогда, толстоватым пальцем вороша по многу листов и слюня этот палец, сделал адицию, прикинул, и всего вышло девяносто два. Долго смотрел и делал изумление лбом и глазами. И потом быстро вдруг — одну кость вверх — сделал супстракцию, осталось: девяносто один. И так он брался, и даже тремя перстами, за эту последнюю кость, и так он на ней обжигался, и наконец не шибко ее приволок назад.

Тогда взялся за свои короткие волосы, сгреб их и начал чесаться. И разом составил счеты на пол.

Залег спать.

А девяносто две кости были — девяносто две головы. И утром пришел к докладу: тот еще спал. Он постоял на месте.

Потом глаз открыт, и тем дан знак, что слушает. И тихим голосом, даже не голосом, а как бы внутренним воркотаньем, у самого уха, доложено. Но глаз опять закрыт, и Мякинин думал, что лежит без памяти, и стоял, сомневаясь. Но тут покатилась слеза — и той слезой дан знак, что внял. А пальцами другой знак, и его не понял Мякинин: не то — уходить, не то, что нечего делать, нужно дальше следовать, не то как бы: мол, брось; теперь, мол, все равно.

Он так и не понял, а ушед в каморку, больше не скрыпел и счеты тихонько задвинул ногой. И ему забыли в тот день принести обед. Так он сидел голодный и спать не ложился. Потом услышал: что-то неладно, ходят там и шуршат, как на сеновале, а потом тихо — и все не то. Под утро он вырвал тихонько все, что пришил, разорвал на клоки и, осмотрясь, вложил в сапог. А числа цифирью записал в необыкновенном месте, на тот раз, что если придется, то можно все сызнова составить и доложить.

Через час толкнули дверь, и вошла Катерина, ее величество. Тогда Мякинин Алексей встал во фрунт. И пальцем ее величество показала — уходить.

Он было взялся за листы, но тут она положила на них свою руку. И посмотрела.

И Мякинин Алексей, слова не сказав, пошел вон. Дома пожег в печке все, что сунул в сапог. А цифирь осталась, только в непоказанном месте, и никто не поймет.

И немало дел осталось в каморке.

Про великие утайки от кораблей и от судов, что строил, —

это про генерал-адмирала господина Апраксина. И почти про всех господ из Сената, кто сколько и за что. Но только с поминовением великих взятков и утаек, а про малые писать места нет. Как купцы прибытки прячут, про купцов Шустовых, которые даже до многих тысячей налоги не платят, а сами в нетях, бродят неведомо где под нищим образом. Как господа дворянство прячут хлеб и выжидают, чтоб более денег нажить, когда голод настанет, их имена и многое другое. Осталось и куда делось — об этом Мякинин не думал.

Он был рыжий, широколобый, не верховный господин. Если б не Павел Иванович Ягужинский, он бы век не сидел, может, в той каморке, и его бы оттуда не гнала сама Екатерина.

К утру три сенатора пошли в Сенат, и Сенат собрался и издал указ: выпустить многих колодников, которые сосланы на каторги, и освободить, чтоб молили о многолетнем здоровье величества.

Начались большие дела: хозяин еще говорил, но более не мог гневаться.

Ночью было послано за Данилычем, герцогом Ижорским. А он, уж из большого дворца, посылал к себе за своим военным секретарем Вюстом и сказал удвоить караулы в городе враз. Вюст враз удвоил. И тогда все узнали, что скоро умрет.

7

А про это знали еще много раньше в одном месте, где все знают, — именно в кабаке, в фортине, что была на юру.

Фортина стояла при Адмиралтействе. Она была строена для мастеровых, которым скучно; мастеровые скучали по родным местам, где они родились, или по жене, по детям, которых дома били, а то по разной рухляди или же по какой-нибудь даже одной домашней вещи, которая осталась дома, — они по этому сильно скучали в новом, пропастном месте.

Там, в кабаке, было пиво, вино, покружечно и в бадьях, и многие приходили, поодиночке и партиями, выпивали над бадьей из ковша, утирались и ухали:

— Ух.

Все шли в многонародное место — в кабак.

Над фортиною на крыше стояла на шесте государственная птица, орел. Она была жестяная с рисунком. И погнулась от ветра, заржавела, ее стали звать: петух. Но по птице фортину было видно на громадное пространство, даже с большого болота и с березовой рощи вокруг Невской перспективной

101

дороги. Все говорили: пойдем к питуху. Потому что петух — это птица, а питух — пьяница. И тут многие знали друг друга, так же как при встрече на улицах; в Петербурке все люди были на счету. А были и безыменные: бурлаки петербургские. Они были горькие пьяницы.

Горькие пьяницы стояли в сенях над бадьей, пропивали онучи и тут же разувались и честно вешали онучи на бадью. От этого стоял бальзамовый дух.

Они пили пиво, брагу, и что текло по усам назад в бадью, то другие за ними черпали и пили. И здесь было тихо, только был слышен крехт и еще:

— Ух.

А в первой палате были всякие пьяницы, шумницы, и они пили со смехом и хохотаньем, им было все равно. Они были гулявые. Здесь кричали по углам:

— Вини!

— Жлуди!

Потому что здесь шла картежная игра, зернь и другие похабства. Иногда являлись и драки.

А дальше, в малой палате, в одно окно, были люди средние, разночинцы светской команды, подьячие средней статьи, мастеровые, шведы, французы и голландцы. А также солдатские женки и драгунские вдовы, охотные бабы.

И здесь пили молча, не шалили. И только немногие пели. Здесь были люди, которым всего скучнее.

В сенях была речь русская и шведская, а во второй — многие наречия. Из второй палаты речь шла в первую, а потом в сени — и уходила гулять до мазанок и до самого болота.

И хоть речь была разная: шведская, немецкая, турецкая, французская и русская, но пили все по-русски и ругались по-русски. На том кабацкое дело стояло.

У французов был такой разговор: они вспоминали вино, и кто больше винных сортов мог вспомнить, тому было больше уважения, потому что у него был опыт в виноградном питье и знание жизни у себя на родине.

Господин Лежандр, подмастерье, говорил:

— Я бы теперь взял бутылку пантаку, потом еще полбутылки бастру, потом небольшой стакан фронтиниаку и разве еще малый стакан мушкателю. Меня в Париже всегда так угощали.

Но господин Лебланк, столяр, послушав, говорил ему:

— Нет, я не люблю фронтиниака. Я пью только санкт—лоран, алкай, португал и сект-кенаршо. А больше всего я люблю эремитаж. Я в Париже угощал, и все хвалили.

Пораженный таким грубым ответом Лебланка, столяра, подмастерье, господин Лежандр, выпил кружку водки.

— А вы не любите арака? — спросил он потом Лебланка и любопытно взглянул на него.

— Нет, я не люблю арака, и я совсем не пью горячего вина, — ответил Лебланк.

— Э, — сказал тогда господин Лежандр, подмастерье, совсем уж тонким голосом, — а вчера господин мастер Пино меня угощал араком, шеколатом, и мы курили с ним виргинский табак.

И выпил кружку пива.

Но тут господин Лебланк стал свирепеть. Он смотрел во все глаза на Лежандра, свирепел, а усы у него стали как у моржа, во все стороны.

— Пино? — сказал он. — Пино такой же мастер, как я, а я такой же, как Пино. Только он режет рокайли и гротеск, а я режу все. И еще точу для твоего патрона вещи, которые я сам не понимаю, для чего они нужны, тысяча мать, — и последнее слово господин Лебланк, столяр, сказал по-русски.

Господин Лежандр был доволен такими словами столяра, что художественный столяр рассердился.

— А достали ли вы, господин Лебланк, тот дуб — для нас с графом, помните ли вы? — тот отрезок лучшего дуба, чтобы его долбить — как мы с графом вам сказали, — не правда ли?

— Я не достал, — сказал Лебланк, — потому что я не гробовщик, а резчик архитектуры, а здесь только гробы долбят из дуба, и это запрещено законом, и никто не продает, тысяча мать, — и последнее слово он сказал по-русски.

Пива он не пил, а все водку, и тут стал шумен и схватил за грудь господина подмастерья Лежандра и стал трясти.

— Если ты не скажешь мне, зачем твой граф скупает воск, а я должен искать этот дуб, — я иду в приказ и, тысяча мать, скажу, что ты помогаешь делать штемпели для запрещенных денег, и не хочешь ли тогда supplice des batogues или du grand knout?[21]

Тогда господин подмастерье Лежандр стал смирен и сказал так:

— Воск для рук и ног, а дуб для торса.

И они помолчали, а Лебланк стал думать и смотреть на Лежандра, и долго думал, а подумав:

— Э, — сказал он тогда спокойно, — значит, наверху в

---

[21] Наказание батогами или кнутовая казнь (фр.).

самом деле собираются отправиться к родителям? Но беспокойся, я уже делал один такой торс.

Потом он утер усы и сказал:

— Меня все это не касается, я прямой человек и не люблю людей, когда они кривят. Я тебе дам бутылку флорентинского и пачку табаку брезиль, он лучше виргинского. Меня это не касается. Я заработаю еще тысячи три франков, и я уезжаю из этой страны. Пино такой же мастер, как я. Только он режет рокайли, а я все. И я режу на камне, что ты мог бы знать, если бы интересовался, а он только на дереве. А дуб такой действительно трудно найти.

Тут подмастерье, господин Лежандр, стал насвистывать и запел тонким голосом французскую песню, что он — ран-рон — нашел в лесу девицу и стал ее щекотать, все дальше и больше, а потом ее и совсем ран-рон, а господин Лебланк говорил о дереве сесафрас, которого в России нет, потом заплакал и произнес из оды Филиппа Депорта на прощанье с Польшей:

Adieu, pays d'un e'ternel adieu![22]

потому что в мыслях своих увидел, как заработал свои тысячи франков (и не три, а все пятнадцать) и как он уезжает в город Париж из этого болота. А что Польша, что Россия — было ему все равно.

И тут во второй палате появился Иванко Зуб, он же Иванко Жузла, или Труба, или Иван Жмакин. Он прошелся легкой поступочкой по второй палате, посмотрел что и как и прошел мимо, но его остановил один портной мастер и сказал ему:

— Стой! Твой лик мне знакомый! Ты не из портных ли мастеров?

— Угадал, — сказал Иванко, — я и есть портных дел мастер, а чего ото немец поет? — и кивнул головой на Лежандра, и мигнул знакомому ямщику, который хлебал квас, и опять выплыл из палаты своей легкой поступочкой.

А за вторым столом действительно сидел немец и пел немецкую песню.

Это был господин аптекарский гезель Балтазар Шталь. Он сюда пришел из Кикиных палат, из куншткаморы, и он был до того худ и высок, веснушки по всему лицу, что все его знали в Петербурке. Но он не часто бывал в фортине.

Он состоял при куншткаморе для перемены винного духа в натуралиях. В год уходило на эти натуралии до ста ведер вина, из которого сидели винный дух. И потому что он переменял этот винный дух, он, гезель, весь пропах этим духом.

_____

[22] Прощай, страна вечного прощания! (фр.)

А теперь сидел в фортине, и против него сидел другой гезель, от славного аптекаря Липгольда, из врачевской аптеки, с Царицына Луга, и тот был старый немец, то есть почти русский. Уже его отец родился в Немецкой слободе на Москве, и поэтому его звание было: старый немец. Он был еще молодой.

Господин Балтазар спел песню, что он то стоит, то ходит, и сам не знает куда, — и объяснил наконец своему товарищу, старому немцу, что он для того пришел в фортину, что уроды выпили весь винный дух. Он ругал их. Уродов было всего четыре человека, и главный урод был Яков, самый из них умный, и Балтазар поставил его поэтому командиром над всеми уродами, которые дураки.

Никогда этого не случалось с ним, чтобы он так брутализи—ровал или показывал дурные тентамина, вплоть до вчерашнего великого гезауфа, когда он, Балтазар Шталь, нашел к утру всех уродов почти больными от гнусного пьянства, и еще должен был ухаживать за ними, потому что они натуралии.

Старый немец сказал тогда:
— Тссс! — и так выразил, что он понимает такое трудное положение Балтазара и порицает уродов.

Сегодня же, сказал Балтазар, ввиду того что господин Шумахер за границей и он, Балтазар, теперь заменяет этого великого ученого (а дело это великой государственной важности, но лучше об этом не говорить, потому что в двух банках стоят у него особо такие две человеческие головы, о которых ни слова, и если эти натуралии испортятся, тогда начнется такое, что лучше об этом не думать), — он пошел на квартиру господина архиятера Блументроста — для того чтобы рапортовать и просить нового винного духа, так как старый уроды выпили до капли.

Старый немец сказал тут: "О!" — и так выразил одновременно, что уважает таких знаменитых лиц и сожалеет, что все они принуждены утруждать себя из-за уродов, но что он не желает подробностей о каких-то государственных головах.

— Что же сделал секретарь господина архиятера? — спросил его внезапно господин Балтазар. — Он затолкал мои доклады под чернильницу, закричал и затопал на меня, что когда царь болен, то об уродах нечего беспокоиться, и — ррраус, ррраус, вытолкал меня в дверь. Так разыгралась эта трагедия.

— Ссс, — сказал старый немец и потряс головой, показывая этим, что хоть считает Балтазара правым, но судьей между крупными людьми быть не может.

Потом он сказал, переводя разговор в сторону от таких обидных воспоминаний:

— Да, действительно, конечно, хотя там наверху в самом деле, кажется, очень больны, и господин Липгольд сказал мне, что уже послан от господина архиятера человек в Голландию спросить consilium medicum[23] у господина Боергава, потому что здешние доктора не знают такого лекарства.

Тогда, совсем успокоившись, господин Балтазар Шталь поднял палец и сказал негромко:

— Любопытно, какой интеррегнум произойти здесь может! Но лучше не говорить! Господин Меншенкопф, вот кто будет править — клянусь! Но об этом ни слова.

Но когда он взглянул на старого немца, — никого не было напротив.

Старый немец был таков; испугавшись неприличного разговора, он уж был в первой каморе.

А в первой каморе сидел рыбак и пил, и в это время проходил Иванко, и рыбак вдруг остановил его и, вглядевшись, сказал:

— Стой! Будто я тебя знаю, твой вид мне знакомый. Ты не рыбачил ли на Волге?

— Угадал! — сказал Иванко и сощурил глаза, — рыбачил, на Волге, я самый.

И потом прошел легкой поступочкой в угол и сел к столу, а под столом натаяла лужа от всех ног, и за столом сидели разные люди.

— Вот меня в смех взяло, — сказал Иванко негромко, — вижу, все здесь люди млявые.

И почти все люди, завидя Иванку, разбрелись кто куда, а осталось трое.

Троим Иванко сказал:

— Ну, теперь будет потеха. Помирать коту не в лето, не в осень, не в авторник, не в середу, а в серый пяток. Уже в Ямской слободе лошадей побрали, с почтового двора поскакали — в Немечину смерть отвозить. Меня в смех взяло — вижу, бродят все люди млявые. А завтра всех выпускать будут!

И трое спросили: кого?

— А будут выпускать, — ответил Иванко Жузла, — портных мастеров, которые дубовой иглой шьют, и еще отпускать будут на все четыре стороны волжских рыболовов, тех, что рыбку ловят по хлевам и по клетям. Их завтра отпускать будут — тут торг, тут яма, стой прямо! А вы млявые! Меня в смех взяло!

---

[23] Врачебного совета (лат.)

И тогда один из троих, с длинными волосьями, верно расстрига, пустил над столом хрип:

— Днесь умирает от пипки табацкия!

В скором времени в фортину взошел господин полицейский капитан, а за ним двое рогаточных караульщиков с трещотками — и капитан прочел указ: закрывать фортину, для многолетнего императорского здоровья. Он выпил над бадьей, караульщики тоже. И ушли все люди, которые уже раньше все знали, все мастеровые, которым скучно, и немцы, и шхиперы, и ямщики, разные люди.

ГЛАВА ВТОРАЯ

Не лучше ли жить, чем умереть?
Выменей, король самоедский

1

В кунсткаморе было немалое хозяйство. Она началась в Москве, и была сначала каморкой, а потом была в Летнем дворце, в Петерсбурке; тут было две каморки. Потом стала кунсткамора, каменный дом. Он был отделен от других, на Смольном дворе; тут было все вместе, и живое и мертвое, а у сторожей своя мазанка при доме. Сторожей было трое. Один имел смотрение за теми, что в банках, другой за чучелами, обметал их, третий — чистил палаты. Потом, когда по важному делу Алексей Петровича казнили, всю кунсткамору поголовно, все неестественное и неизвестное перевели в Литейную часть — в Кикины палаты. Так натуралии перевозили из дома в дом. Но это было далеко, все стали заезжать и заходить не так охотно и прилежно. Тогда начали строить кунштхаузы на главной площади, так чтоб со всех сторон было главное: с одной стороны — здание всех коллегий, с другой стороны — крепость, с третьей — кунштхаузы и с четвертой — Нева. Но пока что в Кикины палаты мало ходило людей, у них не было такой прилежности. Тогда придумано, чтобы каждый получал при смотрении кунсткаморы свой интерес: кто туда заходил, того угощали либо чашкой кофе, либо рюмкой водки или венгерского вина. А на закуску давали цукерброд. Ягужинский, генерал-прокурор, предложил, чтобы всякий, кто захочет смотреть редкости, пусть платит по рублю за вход, из чего можно бы собрать сумму на содержание уродов. Но это не принято, и даже стали выдавать водку и цукерброды без платы. Тогда стало заметно больше людей заходить в кунштамору. А двое подьячих — один средней статьи, другой старый — заходили и по два раза на дню, но им уж водку редко давали, а цукербродов никогда. Давали сайку или крендель, а то калач, а то и ничего не давали. Подьячие жили поблизости, в мазанках. А водил их по кунштка-море, чтобы они чего не попортили или не унесли с собой, — господин суббиблиотекарь или же сторож. Или главный урод, Яков. Яков был еще и истопник, топил печи. В Кикиных палатах было тепло.

2

Золотые от жира младенцы, лимонные, плавали ручками в спирту, а ножками отталкивались, как лягвы в воде. А рядом — головки, тоже в склянках. И глаза у них были открыты. Все годовалые или двулетние. И детские головы смотрели живыми глазами: голубыми, цвета василька, темными; человеческие глаза. И где отрезана была голова — можно было подумать, что сейчас брызнет кровь, — так все сохранялось в хлебном вине!

Пуерискапут No 70

Смугловата. Глаза как бы с неудовольствием скошены — и брови раскосые.

Нос краток, лоб широк, подбородок востер. И желтая цветом, важная, эта голова — и малого ребенка и как будто монгольского князька. На ней спокойствие и губы без улыбки, отяжелели. Был доставлен мальчик из Петропавловской крепости, неизвестно, из какой каморы и от какой женки. Из женок там сидели в то время трое, третья была пленная финская девка, по прозванью Ефросинья Федорова. Она сидела по делу Алексей Петровича, царевича, Петрова сына, и была его любовница, она его и выдала. Она в крепости родила. Тяжелыми веками смотрит голова на все, недовольно, важно, как монгольский князек, — как будто жмурится от солнца.

Палата была большая, солнце в ней долго стояло. Дождь за окнами был не страшен. Было тепло. И по разным местам был разбросан.

Господин буржуа

Он был великан, французской породы, из города Кале; гайдук и пьяница.

Взят за рост. Сажень и три вершка. И долго искали для него жену побольше ростом, чтоб посмотреть, что выйдет из этого? Может быть, произойдет высокая порода? Ничего не вышло. Был высок, пьяница — и больше пользы от него не было. Родил сына и двух дочерей: обыкновенные люди. Но когда от злой Венеры он умер, с него сняли шкуру. Для Рюйша. Иноземец Еншау взялся ее выделать, много хвастал и уже с год держал ее, все не отдавал, а только просил денег и шумствовал. Самого же Буржуа потрошили. Желудок взят в хлебное вино — и размером был как у быка. Он стоял в банке, в шкапу. А кроме того, стоял скелет господина Буржуа. Велик и, что любопытнее всего, изъеден Венерой, как червем. Так господин Буржуа был в трех видах: шкура (что за мастером Еншау), желудок (в банке), скелет на свободе.

А в третьей палате стояли звери.

И всякий, кто заходил и смотрел, думал: вот какой блестящий, жирный зверь в чужой земле!

Звери стояли темные, блестящие, с острыми и тупыми мордами, и морды были как сумерки и смотрели в стеклянные стенки. Сходцы со всей земли, жирная шерсть, западники!

Обезьяна в банке сидела смирная, морда у ней была лиловая, строгая, она была как католический святой.

Лежали на столах минералы, сверкали земляными блесками. И окаменелый хлеб из Копенгагена.

И всякий, кто заходил, смотрел на шкапы и долго дивился: вот какие натуралии! А потом наталкивался на тех зверей, которые стояли без шкапов.

Без шкапов, на свободе, стояли русские звери или такие, которые здесь, в русской земле, умерли.

Белый соболь сибирский, ящерицы.

Слон.

Он стоял у белого дома, а кругом люди кричали, как обезьяны, хором:

— Шахиншах! — и падали на колени.

Потом он стал взбираться по лестнице. Уши тяжелые от золота, бока крыты малыми солнцами, кругом воздух, внизу ступени широкие, серые, теплые. И когда взобрался, крикнули вожаки ему слоновье слово, и он тогда поклонился и стал на колени перед кем-то.

— Шахиншах! Хуссейн!

Потом была тростниковая солома под ногами, была вода в губах и обыкновенная еда.

А потом за ним пришли персиянин, араб и армяне в богатых одеждах, и тогда уж время стало шумное, валкое.

Он не знал, что Персида шлет подарок и что подарок это он. Он не мог знать, что Оттоман, Хуссейн Персидский и Петр Московский спорят из-за Кавказа, что Кабарда, Кумыцкие ханы и Кубанская орда — кто за кого, и один от другого все пропадают. Он плыл, стоя на досках, и вода пахла, и так он достиг города Астрахань. Опять стало много людей, и верблюдов, и крика. А когда его повели по улице, — а он шел медленно, — люди бросались на колени перед ним и мели головами пыль. А он шел медленно, как бог.

Потом уходили из города Астрахань, и много людей с узлами пошли за ним, как идут богомольцы. Теперь уж время стало холодное — воды много, ни тростниковой соломы, ни муки, пустое время, и уж многое пропало. Уже вступил в неизвестную страну.

И привели его в город не в город, не то дома, не то корабли, не то небо, не то нет. Подвели его к деревянному дому и крикнули слоновье слово, и опять он стал перед кем-то на колени.

Тогда по воде вдруг загудело, и прогудело много раз.

А он шел медленно, как бог, но никто перед ним не падал. И там, где он спал, пахло чужим горьким деревом, было серое время, водка на губах, рис во рту и не было тростника под ногами. Больше слонов он не видал, а видел только не-слонов. Потом время стало трескучее. Ветер мычал поверх деревьев, сиповатый, чужой. Он не знал — не мог знать, — что это называется: норд.

От этого был немалый холод, и слон дрожал.

Тогда слон перестал скучать по слонам и стал тосковать по Не-слонам, потому что и те пропали.

А потеплело — его вывели с Зверового двора. И многие Не-слоны стали бросать в него палками и камнями. Тогда слон оробел и побежал, как младенец, а кругом свистали, и топали, и смеялись над ним.

Ночью слон не спал; с вечера его напоили сторожа водкой. И вот в каморе рядом сделалось глухое дыханье и вздыхательный рев, ровный. Он послушал: львиное дыханье. И он не мог знать, что это тоже шаховы подарки — рядом, а именно: лев и львица; он был пьяный, встал, сорвал цепь и вышел в сад. А сад был ненастоящий, в нем не было деревьев, а только один забор. Тогда он поломал забор и пошел на Васильевский остров. Там он стрекнул по дороге, как неразумный младенец, за ним побежали, а он все набавлял

110

шагу. В него метали щебень, щепье, камни, доски. И когда ему стало больно, глаза у него застлало кровью, он поднял хобот и пошел вперед, как в строю, как будто рядом было много слонов. Он поломал чухонскую деревню, и тут его поймали и ударили ногой в бок. Его опять свели на Зверовой двор.

Не-слонов становилось все меньше, их глаза являлись все реже, и последний не-слон часто шатался, кричал, как обезьяна, и ударял ногой в слоновье брюхо. А хобот повис, как ветер, и лень его поднять, чтобы отогнать ту последнюю обезьяну.

Тогда слона стали мало кормить, он стал опадать с тела от бедной еды и лежал сморщенный, серая кожа была на нем как ситец на старухе, глаз красный и дымный и более не похож на глаз. Он ходил под себя, его недра тряслись. Такие просторные! И весь обмяк, стал как грязная пьяница, только дыханье ходило в боках.

Тогда он умер, шкуру сняли и набили, и он стал чучело. Различные минералы великой земли лежали на столах. Неподалеку стоял африканский осел — зебра, как калмыцкий халат. Морж.

Лапландский олень, Джигитей

Великая самоядь послала гонцов в Петербуркъ, и самоеды шли на оленях и стали на Петровом острову. Много деревьев и довольно моху. Один раз зажгли большой огонь, плясали, били в ладоши и пели. Джигитей не мог знать, что умер король самоедский и нет более, он только нюхал дым. Потом пришли к Джигитею.

— Джигитей—ей—ей!

Ветер был во рту, и олень ел его вместо моха, пока не стало больно, потому что досыта наелся. А его все кололи в бок, вожжи все пели, он ел и ел ветер и больше не мог.

И когда доскакал до некоего места, кругом кричали:

— Король самоедский, — ас него сняли лямку, и человек гладил его иршаной рукавицей, а он упал.

Оп упал, потому что объелся ветром, и умер, и шкуру сняли, набили — и он стал чучело.

Лежали минералы на столах.

Стояли болваны, которых ископал Гагарин, сибирский провинциал. Хотел достать из земли минералов, а ископал в Самарканде медные фигуры: портреты минотавроса, гуся, старика и толстой девки. Руки у девки как копыта, глаза толстые, губы смеются, а в копытах своих держит светильник, что когда-то горел, а теперь не горит. А у гуся в морде сделана дудка. И это боги, а дудка сделана, чтоб говорить за бога, за того гуся. И это обман. Надписи на всех как иголки, и никто в Академии прочесть не может.

Жеребец Лизета, самого хозяина. Бурой шерсти. Носил героя в Полтавской баталии, был ранен. Хвост не более десяти вершков длиною, седло обыкновенной величины. Стремена железные, на полфута от земли.

Два пса — один кобель, другой сучка. Самого хозяина. Первый — датской породы, Тиран, шерсть бурая, шея белая. Вторая — Лента — аглицкой породы.

Обыкновенный пес. Потом щенята: Пироис, Эоис, Аетон и Флегон.

А в подвале человеческие вещи: две головы, в склянках, в хлебном вине.

Первая называлась Вилим Иванович Монс, и хоть стояла на колу с месяц и снег и дождь ее обижали, но можно еще было распознать, что рот гордый и приятный, а брови печальны. А он такой и был, и даже в самой большой силе, когда со всех сторон были ему большие дачи, когда он с хозяйкой леживал, — он всегда был печальный. Это сразу было можно по бровям признать.

Ах, что есть свет, и в свете, ах, все противное,
Не могу жить, ни умерти, сердце тоскливое.

Может, он хозяйку и не любил? А только для больших дач и для будущей фортуны с нею лежал? И в это время сам ужасался своим газартом и ждал беды?

А вторая голова была Гамильтон — Марья Даниловна Хаментова. Та голова, на которой было столь ясно строение жилок, где какая жилка проходит, — что сам хозяин, на помосте, сперва эту голову поцеловал, потом объяснил тут же стоящим, как много жил проходит от головы к шее и обратно. И велел голову в хлебное вино и в кунштькамору. А раньше с Марьей леживал. И она имела много нарядов, соболей, каталась в аглицкой карете.

А теперь за ними двумя ходил живой урод сверху и привык к ним. Но посетителям до времени их не показывали. Потому что хотя были ясны все жилки в головах, но это было домашнее дело, нельзя было каждому — и даже большим персонам — выказывать свою домашность.

А в малой комнате были еще птицы — белые, красные, голубые и желтые.

Сама голубая, хвост черный, клюв белый. Кто ее такую поймал?

3

Указ о монстрах или уродах. Чтобы в каждом городе приносили или приводили к коменданту всех человечьих, скотских, звериных и птичьих уродов.

Обещан платеж, по смотрении. Но мало приводили. Драгунская вдова принесла двух младенцев, у каждого по две головы, а спинами срослись. Сделан ли платеж малый или что другое, — но в таком великом государстве более уродов не оказывалось.

И тогда генерал-прокурор, господин Ягужинский, присоветовал ввести на уродов тарифу, чтоб платеж был справедливый.

Плата такая: за человечьего урода по десять рублей, за скотского и звериного по пять, за птичьего по три. Это за мертвых.

А за живых — за человечьего по сту рублей, за скотского и звериного по пятнадцать, за птичьего урода по семь. Чтоб не слушали нашептов, что уроды от ведовства и от порчи. Чтоб доставляли в куншткамору. Для науки. Если же кто будет обличен в недоставлении — с того штраф вдесятеро против платежа. А если урод умрет, класть его в спирты. Нет спиртов — класть в двойное вино, а то ив простое и затянуть говяжьим пузырем. Чтоб не портился.

4

Многие стали косо смотреть: нет ли где монстра или урода? Потому что за человечьего урода платили по сту рублей. Стали косо смотреть друг на друга.

Особенно смотрели коменданты и губернаторы.

Встречались монстры. Князь Козловский прислал барашка, восемь ног; другого барашка, три глаза, шесть ног. Он ехал по дороге, видит — пасется баран, а у него ног не то шесть, не то осмь, в глазах рябит. Думал, что от водки, и проехал мимо — потом велел имать; привели барана — осмь ног.

Приказано искать хозяина. Пошли в дом; там не найдено никого — хозяин в нетях и скорей всего схоронился в овсы. Велено барана взять. Получено благоволение и тридцать рублей денег. Тогда узнал про это уфимский комендант Бахметьев и высмотрел такого теленка, у которого были две монструозные ноги.

Но за эти ноги дано десять рублей. Нежинский комендант

113

прислал человечьего урода: один младенец, глаза под носом, уши под шеей, а сам нос невесть где.

Тогда пушкарская вдова из Москвы, с Тверской улицы, представила младенца, у которого рыбий хвост. А губернатор, князь Козловский, все смотрел, нет ли человечьего монстра, потому что сто рублей и пятнадцать рублей — оказывало большую разницу. Но не было. Тогда послал двух собачек. Собачки были обыкновенные, но дело в том, что они родились от девки шестидесяти лет. И хотел получить двести рублей, как за человечьих уродов. Все-таки дано двадцать, потому что собачки были не скоты и даже не уроды. И он дал наказ всем комендантам — смотреть востро, и тогда получат часть. И послана в куншткамору свинья с человеческим лицом — если смотреть сбоку, — чело у нее, у свиньи, похоже на людское.

Человеческий фронт. Но одним это казалось, а другим нет. Дано десять рублей.

Живых уродов было трое: Яков, Фома и Степан. Фома и Степан были редкие монстры, но дураки. Они были двупалые: на руках и на ногах у них было всего по два пальца, как клешни. Но обходились и двумя. Если им подавали руку и говорили:

— Здравствуй, пожалуй! — то монстр Фома или монстр Степан жали руки и кланялись. Оба были молодые, одному семнадцать, другому пятнадцать лет. Их привел рогаточный караульщик, а они не могли себя назвать, кто такие, потому что были дураки. Караульщику дали три рубля. Потом явился черепаховых дел мастер и сказал, что дураки — ему племянники, и тоже потребовал платежа. Но сказано, чтоб убирался, потому что за недонесение должен был еще сам выплатить штрафу тысячу рублей.

Сторож был старый солдат и часто бывал шумен. Он приходил в вечернее время, когда не было посетителей, и кричал:

— Двупалые! Стройся в кучки!

И двупалые строились. На Якова он не кричал. Яков был шестипалый. Он был умный, и его продал брат.

5

Он был шестипалый и умный и крестьянствовал. Земля была изношенная, переношенная, вымотанная вся, но было бортное ухожье, и еще отец поставил пасеки. Поставил, умер и перестал крестьянствовать, вышел из тягла. Тогда в тягло вошли мать и Яков, шестипалый. Брат же его, Михалко, был в солдатах, его взяли еще перед Нарвским походом, когда Якова не было еще в тягле, он еще не родился. Он был моложе брата на пятнадцать лет. И вдруг теперь, через двадцать два года, пришла на погост какая-то команда, стала постоем, а к Якову явился старый солдат и сказался Михалкою. Мать его признала.

Он смотрел строго. Как садились за стол, он смотрел в рот Якову, сколько ест, чтоб не слишком много ел. Что-то у него было на уме. Он посвистывал. Ходил на полковой двор, уезжал, бывало. Он не любил разговаривать. Его на улице так окликали:

— Эй, война!

А тягло тянул Яков.

Мать стала сохнуть, в лице зелень, жадные глаза. Она тоже стала посматривать в рты, кто сколько ест. А иногда говаривала:

— Хоть бы он шумел или разодрался. Другие шумствуют.

Другие, верно, шумствовали. Мундирчики у многих истратились, стали являться зипуны. Пять человек оказались в нетях, перестали ходить на полковой двор. Многие поженились, пристроились ко дворам, к дымам. Потом стали охаживать двор, огород. И в малое время команда расползлась и ударила во все стороны; хоть чинила обиды и часто являлось солдатское воровство, но Все-таки с шумными людьми можно жить. А потом полковой двор опустел. Уехал куда-то господин капрал, и выросла во дворе жирная трава. Там остался один фелтвебол, и он стал держать торг зольный и винный. И не слыхать было ни о Балка полке, ни о самом господине Балке, командире.

А Михалко слагал какое-то прошение. Он знал грамоте. И вот однажды посхал и приехал. Мундир издержался, он построил себе из дерюги кафтан, а обшлага и отвороты нашил на дерюгу. Шестипалый ходил и скучал под этим братним взглядом. Он не знал своего брата; пока он тягло справлял, пота и ухожье его, и пчелы его, и мед, и воск. А война ест хлеб. Яков знал белить воск под луной, его научили, а солдат все приведет в пустоту. Раз как-то он задумался, вышел на двор, посмотрел на ухожье, ухожье было темное, и сказал тихо:

— Не наямишься на этот рот.

Взошел в избу и дал денег солдату на вино. Солдат взял у него по счету, строго. Деньги у Якова были спрятаны в таком месте, что и мать не знала. В двух местах. В одном мало, в другом поболее. Он из малого места доставал для солдата.

Михалко же составлял челобитную о характере. И он ее писал два года, по слову в день, а уезжал в город, и там подьячий ему ту челобитную правил.

Всемилостивейший царь и государь.

Служу я всенижайший в господина Балка полку с году... со всяким прилежанием. Пулей бит в нарфском деле в спину. От ран имел желтую болезнь и получил облегчение на марцыальных водах по приказу вашего самодержавия. Ныне пришел в конечный упадок в деревне Сивачи. Мундир ветхий и в дырьях, чего для ото всех осмеян. Характеру и трактаменту никакого не имею. И ныне всемилостивейшим вашего величества указом даются чины и характеры. Того ради, всемилостивейший государь, прошу твоего самодержавия, дабы, по милосердию вашему, удостоен я был характером, готов в поход, готов в баталию, или в караул, рогаточным и трещотным караульщиком, или в приказ, чем бы я мог пропитание иметь. Вашего величества нижайший раб господина Балка полка солдат.

А подписывать все не торопился. И год, с которого был взят, — не помнил. Носил полгода листок под рубахой и по ночам шелестил. И листок стал ветхий, как мундир. Просыпалась мать, поднимала худую голову и качала ею, как на шестке: шелестит. Хоть бы шумствовал.

Но однажды просиял. Ходил на зельный двор, пришел домой, стал чистить ремень, косачом оголил бороду — и лик его просиял.

Мать ахнула.

Потом подступил к Якову и сказал:

— Собираться, по указу его самодержавия, по приказу господина Балка полка. Давать подводу для отвоза арестованных в Санктпетербурк. По делу калечества.

И посмотрел кругом. И взгляд этот был как звезда: он не обращен был ни на мать, ни на брата. Он растекался по сторонам. И тогда мать и брат поняли, что дом не дом, а пчелы залетные, и воск будут другие топить. Что нужно ехать.

И они поехали, ехали день и ночь и молчали. И приехали в Санктпетербурк, и солдат продал своего брата в куншткамору и получил пятьдесят рублей. По указу его величества. Солдат господина Балка полка. И он вернулся домой. А Яков стал монстр, потому что у него было по шести пальцев на обеих руках и на обеих ногах. И стал ковылять по Кикиным палатам и получил характер: истопник. И Яков посматривал на товарищей. Товарищи были заморские, без движения. Большие лягушки, которых звали: лягвы. Прилипало, который липнет к кораблям и может топить их. И Яков уважал Прилипало, или иначе держиладие, за то, что тот может топить корабли. Спрашивал сторожей, сторожа стали называть ему: змей, морской пес, гнюсь. И Яков стал водить по камере посетителей. Он водил их по комнате, показывал шестым пальцем и говорил кратко:

— Лягва. Вино простое. Или так:

— Мальчонок. Двойное вино.

Он получал в месяц два рубля, а на дураков выдавали по рублю.

Раз подьячий средней статьи, которому не дали калача, ухватил слона за хобот, что было настрого запрещено, потому что один, другой хватится за хобот, потом могут и вовсе его оторвать. А потом стал хватать его, Якова, за пальцы, чтоб лучше рассмотреть, какой он шестипалый. Тогда Яков, не говоря ни слова, показал подьячему кулак, и тот сразу осел. А потом запросил пардону и стал его уважать. И Яков жил в свое удовольствие. Перед отъездом пошел он в одно неизвестное место, отрыл деньги, завязал в пояс, и тот пояс был теперь на нем. И двупалые его боялись, а сторожа уважали. Он звал двупалых: неумы. Он их водил в мыльню париться. А когда стал ходить за теми двумя головами, внизу, он долго смотрел Марье Даниловне в глаза — а глаза были открыты, как будто она кого-то увидала, кого не ждала, и урод смотрел строение жилок.

И когда подсмотрел, какие жилки где находятся, тогда он понял, что такое человек.

Но все дни ему было скучно, и ему казалось, что его скука от слона, что он такой серый, большой, с хоботом. И было положение: они будут жить в каморе до самой смерти, а потом их положат в спирты, и они станут натуралии.

6

А брат Михалко вернулся без характера: он раздумал подавать челобитную, он решил ждать времени. Безо времени нельзя подавать. И застал дома большую перемену. Мать хозяйствовала и стала разговорчива. И так же начала посматривать на него, как Яков раньше смотрел. Но воска белить не могла, как Яков, и Михалко тоже не мог. Братские деньги, как пришел, он увязал в тряпицу и сунул в опечье, между камнями. Место сухое.

И воск стал не тот: с пергой, темный, ломался. Может, дело в огне, как его топить? Или пчела переменилась? Откуда тот способ добыл Яков? И мать все теперь говорила о воске. И уж думать забыла о Якове, а о воске все помнила, какой он был. Проходили разные люди через повост. Кто они — богомольцы или беглые, никто не знал.

И вдруг вечером мать сказала:

— В воске вся сила. Теперь воск как хлеб. И дань вощаная. Потому что у царевой немки пестрина пошла по носу; чтоб ее избыть, она воск ест. А воск на еду идет белый.

И тогда солдат подавился хлебом и ощутил челобитную на груди, и челобитная зашелестила, он ударил по столу кулаком и крикнул, побелев от великого страха и гордости:

— Слово и дело!

7

Караульщики-профосы и гноеопрятатели всех вывели на большую перспективную дорогу, довели до последней заставы, до рогатки, и сказали:

— Прочь. Теперь не ворочайтесь.

Тогда каторга зашевелилась по дорогам, как вошь. Таял снег, и она шла и осклизалась, потому что отвыкла ходить по земле, только ходила собирать милостыню на пропитание. Но тогда она ходила скованная, а теперь ноги у всех были свободны и осклизались. Были здесь люди испытанные, их пытали. Те ходили плохо. Пройдут — сядут. Где снегу меньше. А к ночи слынивали — в леса и в деревни. И затопило деревни, как будто каторга Нева вышла из берегов, пошла по дорогам и вошла в деревенские улицы. Деревни запирались.

Там бродили люди и били в колотушки.

— Тк-тк-тк.

И собаки лаяли с сердцем, с злостью, крутили хвосты и ставили уши дозором.

И здесь были солдат и солдатская мать, среди испытанных. Их сказки во всем разошлись, и их пытали.

Вправили профосы мать в хомут, и мать сказала:

— Тех речей о воске не помню. А говорила я не о царице, а о немке, что у царя взята. А кто такова, не знаю.

А когда ее спросили, откуда она те речи взяла, и дали два кнута, она показала:

— Рыжий, высокий, волосья стоят во все стороны, и знатно, что из попов или сын попов, кто его знает. Проходил повоет и

118

спросил воды напиться. И говорил те слова. А кто таков, не знаю. Может быть, не русский, из немцев.

И дали матери пять кнутьев, а больше не давали, потому что здоровье стало меньшеть.

Солдату руки выворотили, и он сказал:

— Говорено про персону, что у ней по носу пестрина. И персона в скаредных словах назвата немкой. И если не то сказал, велите меня смертию казнить. А я солдат господина Балка полка.

Дано ему десять кнутьев.

— Дурак, — сказали ему, — никакого Балка полка теперь вовсе нет.

И оба говорили свои пыточные речи, а потом посмотрели кто надо и увидели, что речи не так уж много расходятся и что ни мать, ни сын своих речей не меняют. А того рыжего, с волосьями, весьма затруднительно теперь догнать по дальности времени.

Но тут пошла большая перемена, велено всех гнать за многолетнее царское здоровье, и выгнали мать с сыном. Вывели прохвосты их за заставу и сказали:

— Прочь!

А сын сжевал свое прошение о характере, все съел, чтоб не нашли и чего похуже не вышло, и ту челобитную не подал и так ушел из города Санктпетербурка, как пришел, — без характера. Но сын с матерью не встретились. Они шли разными дорогами и слабели. Нищее дело стояло на чем?

На покорстве, и чтоб ничего не спускать с глаз. Нищее дело было похоже на торговое дело, все равно как воск продавать на сторону. Только теперь был уже не воск, а покорство, и гладкое слово молодым, и плохая речь старикам, — чтобы показать, что они такие смирные, что даже говорить хорошо не могут.

Они продавали по дворам нищий товар, и им за него подешеву давали. А глаза были потуплены, и глаза были испытанные и видели все насквозь, что за забором. И руки были вывернутые и клали в суму, что смотрел глаз. Так они пришли, каждый своей дорогой, к своему повосту, и у повоста встретились, и, не глядя друг на друга, пошли к дому.

А у дома встретила их гладкая черная собака и стала лаять и скалиться, аж зубами скрипеть. Тогда из их избы вышел Старостин сын, отер рот и спросил:

— Чего надобно? И махнул рукой:

— А вы подите, подите.

И тогда мать присела у дерева и больше не встала.

А солдат господина Балка полка взглянул вокруг себя и не

узнал ни избы, ни людей, ни ухожья, ни матери. И он ушел военным шагом туда, откуда пришел.

8

Урод поманил шестым пальцем подьячего средней статьи и сказал ему:

— Подь сюда.

За слоном, у самого мальчишки без черепа, они сговорились. И подьячий назавтра принес Якову челобитную, длинную, написанную старым манером, — о небытии. Подьячий был застарелый, он еще при Никоне терся.

Всенижайший раб Яков, Шумилин сын, просил призреть худобу его и, понеже готов не токмо шестых своих перстов лишиться, а инно и всех худых рук и ног и даже самого живота, — повелеть ему не быть в анатомии, кушткаморою называемой. Уже стало ему, горькому, вся дни тошно провождать посреди лягв, и младенцев утоплых, и слонов, и ныне он, нижайший, стал как зверь средь зверей, а большой науки от него нет, потому что нет у него ни носа аки хобота, или же подо ртом нос, но токмо имеет шестые персты. И за то свое небытие дает он впятеро больше противу своей цены и будет по вся дни высматривать бараны осминогие и где теля двуглавое, или конь рогат, или змий крылат — он все то винен в анатомию привезти и без платы, и подвода своя.

ГЛАВА ТРЕТЬЯ

Сидела ли у трудной постелюшки,
Была ли у душевного расставаньица?

Песнь

1

В полшеста часа зазвонило жидко и тонко: караульный солдат на мануфактуре Апраксина забил в колокол, чтоб все шли на работу. Ударили в било на пороховых, на Березовом, Петербургском острове и в доску — на восковых на Выборгской. И старухи встали на работу в Прядильном дому.

В полшеста часа было ни темно, ни светло, шел серый снег. Фурманщики задували уже фитили в фонарях.

В полшеста часа забил колоколец у него в горле, и он умер.

ГЛАВА ЧЕТВЕРТАЯ

И не токмо в кавалерии воюет,
Но и в инфантерии храбро марширует.

Пастушок Михаил Валдайский

Сердце мое пылает, не могу терпети.
Хочу с тобой ныне амур возымети.

Комедиальный акт

У нее кроме Нестера есть шестеро.

Поговорка

1

Весь день, всю ночь он был на ногах. Глаз его смотрел востро, две морщины были на лбу, как будто их сделала шпага, и шпага была при нем, и ордена на нем, и отвороты мундирные топорщились. Он ходил как часы:

— Тик-так.

Его шаг был точный.

Он стал легкий, жира в нем не было, осталось одно мясо. Он был как птица или же как шпага: лететь так лететь, колоть так колоть.

И это было все равно как на войне, когда нападал на шведов: тот же сквозной лес, и те же невидные враги, и тайные команды.

Он сказал Катерине дать денег, и та без слова — только посмотрела ему в лицо — открыла весь государственный ящик

121

— бери. Из тех денег ничего себе не оставил, разве какая мелочь прилипла, — все получили господа гвардия. И его министры скакали день и ночь. И господин министр Волков вернулся раз — стал желт, поскакал в другой, вернулся — стал бел. И господин Вюст где-то все похаживал, и одежа прилипла к его телу от пота.

А в нужное время отворил герцог Ижорский своей ручкой окно, чтоб впустить легкий ветер во дворец. Кто там лежал в боковой палате? Мертвый?

Живой? Не в нем дело. Дело в том — кому быть? — И он впустил ветер. И ветер вошел не ветром, а барабанным стуком: забили на дворе в барабаны господа гвардия, лейб— Меньшиков полк. И господа Сенат, которые сидели во дворце, перестали спорить, кому быть, и тогда все поняли: да, точно так, быть бабьему царству.

Виват, полковница!

Это было в третьем часу пополуночи.

И тогда, когда он понял: есть! все есть! — в руках птица! — тогда его отпустило немного, а он подумал, что совсем отпустило, — и пошел бродить.

Он стал бродить по дворцу и руки заложил за спину, и его еще немного отпустило противу прежнего — приустал.

А в пол шеста часа, когда взошел в боковую, а тот еще лежал неприбранный, — отпустило совсем.

И вспомнил Данилыч, от кого получал свою государственную силу, с кем целовался, с кем колокола на пушки лил, с кем посуду серебряную плавил на деньги — сколько добра извел, — кого обманывал.

И вот он стал на единый момент словно опять Алексашка, который спал на одной постели с хозяином, его глаза покраснели, стали волчьи, злые от грусти.

И тогда — Екатерина возрыдала.

Кто в первый раз услыхал этот рев, тот испугался, тот почуял — есть хозяйка. И нужно реветь. И весь дом заревел и казался с улицы разнообразно ревущим.

И ни господа гвардия, которые бродили по дворцу, как стадные конюхи по полю, господа гвардия — дворянская косточка, ни мышастые старички — господа Сенат, и никто из слуг не заметили, что в дом вошел господин граф Растреллий.

2

А он шел, опираясь на трость, и сильно дышал, он спешил, чтоб не опоздать, в руке у него был купецкий аршин, каким меряют перинные тюки или бархаты на платье. А впереди семенил господин Лежандр, подмастерье, с ведром, в котором был белый левкос, как будто он шел белить стены.

И, вошед в боковую, художник отдернул занавес с алькова и посмотрел на Петра.

— Не хватит, — сказал он хрипло и кратко, оборотясь к Лежандру. — Придется докупать, а где теперь достать?

Потом еще отступил и посмотрел издали.

— Я говорил вам, господин Лежандр, — прокаркал он недовольно, — чтоб вы менее таскались по остериям и более обращали внимания на дело. Но ты прикупил мало, и теперь мы останемся без ног.

И тут обратился к вошедшей Екатерине наклонением всего корпуса.

— О мать! — произнес он. — Императрикс! Высокая! Мы снимаем подобие с полубога!

И он вдруг подавился, надулся весь, и слезы горохом поскакали у него из глаз. Он засучил рукава.

И через полчаса он вышел в залу и вынес на блюде подобие. Оно только что застыло, и мастер поднял ввысь малый толстый палец, предупреждая: чтобы не касались, не лезли целовать.

Но никто не лез.

Гипсовый портрет смотрел на всех яйцами надутых глаз, две морщины были на лбу, и губа была дернута влево, а скулы набрякли матернею и гневом.

Тогда художник увидал: в зале среди господ Сената и господ гвардии толкался и застревал малый чернявый человек, он стремился, а его не пускали.

И мастер надул губы от важности и довольства, и лицо его стало как у лягушки, потому что тот чернявый был господин Луи де Каравакк, и этот вострый художник запоздал.

Дук Ижорский дернул мастера за рукав и мотнул головой: уходить. И мастер оставил гипсовое подобие и ушел. Он унес с собою в простом холстяном мешке второе личное подобие — восковое, ноги из левкоса и ступни и ладони из воска.

И гипсовое подобие на всех смотрело.

Тогда Екатерина возрыдала.

3

Он не заехал домой, а поехал с Лежандром прямо в Формовальный анбар. Он жил в Литейной части, напротив Литейного двора, а работал рядом со Двором — в анбаре. Он любил этот анбар.

Анбар был крепкий, бревенчатый, большая печь топилась в нем, было тепло, а кругом снег и снег, потому что впереди была Нева.

Раздували мех работники, и он пробежал мимо мастерских малыми шагами и пророптал: — Ррапота!

Он знал всего одно это слово по-русски, а с толмачом дело у него не пошло, он брызгал слюной, и толмач не мог переводить, не поспевал. Он прогнал толмача. И он словом да еще руками — обходился. Его понимали.

Он любил красный, каленый свет из печи и полутьму, потому что в Формовальном анбаре белый свет шел сверху, из башенки, и был бедный. А стены были глухие, круглые и блестели от тепла. Тут лежали пушки, фурмы для литья, его работы, восковые, гоубицы, маленькие пушечки и пушечные части — дело артиллерии.

Он пробежал в свою камору, боковую, полутемную, — малое окошко сверху, — где стоял некрашеный стол и скамья и тоже топилась печь, меньшая, а на полицах лежали винты и трубки бомбенные и гранатные и стояла большая плоская фляга с ромом. В углу лежала больная пушка, чтобы всем показывать ее неверность. Ее лили еще по Виниуса манеру.

Он составил в угол холстину, где лежали голова и формы, скинул парадное платье, повесил на гвоздь и сел за работу. Он разложил на столе клочки, которые вынул из кармана, и начал с них писать большие листы. Вывел заглавие медленно, со скрипом и любуясь толстым письмом с тонким росчерком, который был вроде поклона.

И на листах он написал великое количество нескладицы, сумбура, недописи — заметки — и ясных чисел, то малых, то больших, кудрявых, — обмер.

Почерк его руки был как пляс карлов или же как если бы вдруг на бумаге вырос кустарник: с полетами, со свиными хвостиками, с крючками; внезапный, грубый нажим, тонкий свист и клякса. Такие это были заметки, и только он один их мог понимать. А рядом с цифрами он чертил палец, и вокруг пальца собирались цифры, как рыба на корм, и шел объем и волна — это был мускул, и била толстая фонтанная струя — и это была вытянутая нога, и озеро с водоворотом был живот. Он

124

любил треск воды, и мускулы были для него как трещащие струи.

Потом всхлипнул пером на всю страницу и кончил.

И, отодвинув лист, посмотрел на него, принахмурясь и тревожно. Так в тревоге посидел. Покосился с суеверием в угол, где стоял холстинный мешок с восковым лицом и частями из левкоса и воска. Вздохнув, оборотясь к господину Лежандру, он сказал, как будто жалел себя самого:

— Теплой воды.

Подмастерье лил воду на короткие пальцы и смотрел на них так, как если бы в них было все дело.

— Завтра утром вы запряжете мой фаэтон и поедете на восковые заводы. Вы возьмете белый, только белый. В лавке, dans Le Gostiny Riad[24], вы опять будете искать самые глубокие краски. Змеиную кровь. И вы заплатите за них все, что я вам дам, и ни одна монета не залежится в вашем кармане. И ни одна траттория не увидит вашего лица.

И с долгой печалью смотрел он на Лежандра и все искал, к чему бы придраться еще и чего бы наговорить ему такого, чтоб его проняло, господина подмастерья, чтоб он, господин Лежандр, сказал ему нужное слово.

— И вы проедете по Васильевскому острову, и мимо дома господина де Каравакка вы проедете с шумом. Вы можете шуметь, погоняя лошадь, чтобы господин де Каравакк посмотрел из окна собственного дома, кто едет. Вы можете ему поклониться.

Тут господин Лежандр ухмыльнулся на эти слова графа Растреллия.

— Что вы смеетесь? — спросил Растреллий и стал раздувать ноздри. — Что вы смеетесь? — закричал он и тогда уже пыхнул. — Я спрашиваю вас! Сьер Лежандр! Я знаю вас! Вы все смеетесь! Мять глину!

Вот тут он и ошибся словом, потому что нужно было греть воск и делать пустую форму, а пс мять глину, — и вот это-то и было нужное слово. И тут же сразу мастер стал греть воск у печи и щупать его, потом взял для чего-то кусочек на язык, жевнул, воск ему не показался на вкус, и он заворчал:

— Это воск не корсиканский, не самшитовый. Тьфу!

Печь была теплая, и он тихо дышал, а грудь была открыта, и на ней вился волос.

Он выплюнул воск, вытер руки и закричал с радостью и картаво:

---

[24] В Гостином ряду (фр.)

— Гипс! Дать форму! Правая рука! Начинаем!

И уже мелкой скороговоркой сказал Лежандру и не успел договорить:

— Змеиную кровь! Змеиную кровь в лавке завтра. Дайте мне лак для обмазки, ну, что ж вы стоите? Гипс!

И малые руки пошли в ход.

4

Первый сон был такой: приятный и большой огород, как бы Летний сад, и курчавые деревья, и господа министры. И Кто-то ее легко толкает в спину к тому, к Левенвольду, или к этому, к Сапеге, — а тот-этот молодой, у него усики немецкие, стрелками, и шпага на боку тоненькая, смешная.

Второй сон был гораздо глубок, она покорная опустилась на дно, и дно оказалось молодостью и двором; по двору шла Марта. Латгальский месяц стоял, светил на ее голые ноги, навоз под ногами был жирный, рыжий. Она шла в хлев доить коров. В хлеву была раскрыта дверь, коровы ждали ее и жевали. Посреди двора стоял фонарь и светил красным светом на ее ноги. Марта не дошла до хлева и остановилась у фонаря, а кругом березы, белые и толстые, ветки дрожат, их ветер качает. Перед пустым хлевом стояли девки в ряд — оборотясь к ней спиною, и ветер поднял самары им на головы, они стали как белые флаги.

Девки пели.

Третий сон был простой: корова мычала во сне, потом вышла из сна и стала мычать на лугу, а Марта беспокоилась: ушла из дому; пора... что пора — того она не могла вспомнить. Девки тихо пели.

И Марта проснулась. Девки еще пели. Она замурлыкала, провожая их.

Откуда взялась эта песня и кто ее пел, она не вспомнила; лежала одна и мурлыкала. Она не помнила песни и тихонько ее пела.

Она ничего не понимала.

Она была слабая от своей силы и пела песню, которой не помнила.

Тогда в страхе она свесила ноги, потому что проснулась Мартой, а не Екатериной, и приложила руки к груди. Она заблудилась в языках, потому что одни старалась позабыть, а другим была быстро изучена. И эта песня и этот язык были у ней до пятнадцати лет, и оттуда взялись и там остались. У дома

126

рос зеленый овес и ива, которая валилась в воду и все не могла упасть; ива лежала над водой, а дети на ней плясали и купали ее; у нее ноги были сильнее, чем у всех. Она ничего не боялась и прыгала. Потом она вспомнила, как пищали сосцы; она доила коров. Вдруг ей захотелось подоить коров. Но теперь она была императрица, и даже думать об этом — позор. И этот язык был латгальский и детский и назывался: деревня Вишки. И эта деревня потерялась, ее имя забыто. И тяжелая женщина, у ней волосы как войлок, нос угреват и красен и высокая белая грудь — она говорила на этом языке, ее приемная мать. И серый латыш, который был в седой сермяге, и курил мох, и молчал, как мох, — приемный отец, — говорил с матерью по ночам, а она слушала. И этот язык был непонятный латгальский язык: скрып и качанье. Она смотрела из темного угла и слушала. Потом ее взяли в город, и город был большой, в деревне его звали Алуксне, а по крепости он звался город Марьенбурх, черепичные кровли; полы в пасторском доме, которые она мыла, ползала на четвереньках, были чистые. А раз стал ее учить немецкому языку пасторский сынок, беленький, и обучил ее совсем другому. И тот, другой язык Марта поняла и стала так говорить по-немецки, что пасторскому сыну стало невмоготу, и ее стали гнать из судомоек. К шестнадцати годам город стал военный от шведов, от полковой музыки, от мундиров, мандерунков, которые сильно тянули ее; ее коже приятно было, что жесткие, что с круглыми кантами.

Ее возили по озеру в лодке соседские парии кататься, а на островах росла жирная трава и липы, а на одном острове стоял замок, комтурный, семибашенный. Сторожила тот замок шведская стража и не подпускала лодок, а парни все были покорные. И подъемный мост был поднят, как дорога, по которой можно добраться до неба. Окна светились по ночам, а кто там жег огонь? И этот замок был для нее как целое царство, и когда говорили, по вечерам: "шведы", или если кто-нибудь говорил: "Каролус", — она видела все семь глав башенных перед собою. И она вышла замуж за соседского сына, за латышского мальчика, Яниса Крузе, и стала фру Крузе, потому что Янис был шведский капрал, в мандерунке. Фру Крузе, драгунская жена. Этот молоденький учил ее говорить по-шведски, а сам не знал. И она догадывалась, какой это шведский язык, какой он хороший. А тут ее заметил этот высокий, с белыми густыми усами, тонкий, курносый, его мандерунк был как картина, как лист живописный, и сразу научил ее говорить по-шведски, и она заговорила во всех мелочах, потому что он был главный, ученый лейтенант. Его имя она понимала потом на всех языках, и, когда Вилим Иванович уже был с нею, она иногда нарочно ошибалась и вдруг говорила ему:

— Эй, Ландстрем!

А потом смеялась и махала рукой с большой добротою: Монс. И раз Ландстрем поехал с нею кататься по озеру, они близко подъехали к тому комтурному замку, и она увидела часовых, увидела их лица. Тогда часовые отдали им салют, и она покраснела от гордости. И когда на улице увидел ее комендант всего города, самый сухой, самый прямой человек во всем городе, а он был старик, и его имени боялся ее муж, его имя было как выстрел: Пхилау фон Пильхау, — он понял, кто идет по улице, потому что она легко дышала и шла как на бой, — и она была у него в ту же ночь, и он научил ее шведским учтивствам, хитрым ответам, — потому что он был уже стар. Теперь, когда она ходила по улицам, — все замолкали, а дети подбегали к окнам, и матери их били, чтоб они на нее не смотрели, — потому что по улицам шла Крузе, потому что ей стал тесен город, как пояс, и еще стали низки красные трубы, и старушечий язык стал чужой. А старухи говорили, когда она проходила, по-шведски, и по-латышски, и по-немецки одно малое женское слово. И Ландстрем был любезный кавалир, он уезжал из города и уговаривал бежать; она соглашалась, но тогда город обложили русские, и стал стрелять Бутурлин, шведского языка не стало, город взяли, замок разрушили, а она попала в полон, и солдаты русские ее начали сильно учить говорить по-своему, а она была в одной рубахе; и Шереметьев потом учил, потом сам Данилыч, герцог Ижорский, учил ее говорить по-своему, потом хозяин. И он оставил ей в первую ночь за хороший разговор круглый золотой дукат — два рубли, — потому что разговор был хороший, охотный. И она не говорила, она пела. И все разговоры всех наречий услыхала она и говорила на всех, ловко перенимала, а все чтоб ходить вокруг хозяина. Она их всех чуяла по глазам или по голосу, она по голосу знала, каков будет человек в разговоре. И она не понимала слов, она только притворялась, что понимает, — это начиналось у ней дыханием в груди и доходило до рта — ответом, и ответ бывал всегда ловким, она попадала прямо в цель. А понимала она только один человеческий язык, и тот язык был как дитя растущее, или листья, или сено, или девки на молодом дворе, что пели песнь.

И она соберется туда, в Крышборх и Марьенбурх. Сколько раз она у старика просила, чтоб отдал ей балтские земли, но не отдавал. А теперь поедет в золотом полукаретье или цугом в восемь лошадей кататься, господа гвардия на соловых лошадках вокруг нее как птенцы — и чтобы все жители вышли кланяться ей за околицу. Ксендз, и корчмарь, у которого брат служил в корчме, и пастор, и курлянчики — все выйдут встречать. И потом она кого-нибудь осчастливит и переночует. Будут хлопотать все, чтоб услужить!

Но все они уже умерли, и незачем туда ехать. Фу! Марьенбурх! Что ж туда ехать, в деревню? Свиней смотреть! И замок разрушен.

Была пора, была самая пора идти, а она не понимала, что от нее еще нужно, что ей сегодня такое делать. Она будет плакать, потом она даст праздник господам гвардии и сама им будет разливать вино. Она засучит рукава, ну и бог с ними, и выпьет сама. Но Все-таки лучше после похорон. Они любят ее: matuska polkownica. Вот она так сидит, просторная, толстая, открытая. Тут она остереглась: не слишком ли много воли? То все — ходи вокруг хозяина, а теперь сама себе хозяйка и сидит здесь совсем открытая.

Все моря кругом, сквозной лес и мало домов — и она отовсюду видна, и все иностранные государства на нее теперь глядят. А у ней ноги белые, им еще ходить хочется. Она не понимает того государственного языка: не выдать ли Лизавету замуж во Францию? Но Франция медлит, а замедление ради политики и для того, что Лизавета, Лизенка — байстручка, потом уже при—венчана. Дела, дела, ох! Как там, в Сенате? Все Alexander, все он один, но он такой фальшивый, что нельзя верить. "Пойдем, мать" или "сядем, мать". Этого не было раньше. Какая она ему мать? Она ему укажет его место. Так нельзя, не можно. А что было двадцать лет назад, — на это у нее памяти нет, у нее много всего было за двадцать лет. И как он стар! Сухой и старый, как... полено. Фу! Старик! И она уж по-русски сказала то слово, которое переняла и любила:

— Уж я надселася.

Тут пошел канареечный щебет в клетках: тех канареек хозяин отнял у Вилима Ивановича, когда его казнил, и повесил клетки ей в комнату, чтобы она помнила. Она сунула большие и красные ступни в войлошные туфли и пошла канарейкам задавать корм. И тут она почувствовала, что ноги-то ветерком относит, что она еще со вчерашнего вечера пьяная. А отчего? Оттого, что Масленая неделя стоит, более ни от чего. Он умер, и спустя два дня — настала Масленица. И для ней Масленая в полмасленые, а вчера пришлось.

Потому что считается за праздник. А Елизавет — Лизенка

много выпила, и она даже не ожидала, как эта Madel[25] крепка на ногах. А Голстейнского рвало как из ведра. Какой слабый! Фу!

Был бы Вилим Иванович, этот *любезный* и истинно *любезный* кавалер с нею!

Вот он бы сказал ей: Mein Verderben, mein Tod, mein Lieb und Lust![26] Он знал, о! как хорошо он все знал! Куда нужно ехать, и кого принять, и что пить, и что можно сказать, und alle Lustigkeiten — jeden Tag.[27]

Клетки висели над столиком, а на столике лежали его вещи, она их теперь велела принести к себе. И вещи были истинно щеголеватые, вещи красивого кавалера, и они еще пахли. Трубка в оправе пряденой, золотой — она пахла приятным и легким табаком, золотный кошелек — она возьмет его себе и будет носить при себе. Струсовое перо и табакерка с порошком, чтобы чистить зубы.

Те белые зубы, со смехами! Часы с ее портретом на крышке, который делал майстер Коровяк, которые она сама ему подарила. И у нее здесь белая грудь и голова набок. Нос только чрезмерный нарисован. Она стерла пыль с часов — совсем новые часы, красивая вещь! И жемчуга, сколько жемчугов она ему дарила! А пуговицы можно нашить на новое платье. И струсовое перо к опахалу приладить. Да, он был нарядный, все любил напоказ. И золотой пуппхен с малой шпагой — это бог воины. О! Ведь он был такой ученый и истинно ловкий господин и писал ей такие песни! — "Welt, ade"[28] — и дальше не вспомнила. И умер как вор, а теперь бы она его всего убрала в золото! Он за ней бы ходил! И не дождался всего два месяца. И чуть она через него сама не погибла. Фу! Пропал как дурак, сам виноват, он был неосторожный, все хвастал. А теперь бы ходил за нею одетый как кукла!

Она положила послать в куншткамору бога войны, как истинную редкость, все поставила на место и на сей день забыла Вилима Ивановича.

И тут сквозь приятный канареечный щебет сказал за ее спиной голос хозяина:

— Пойдем в Персию!

---

[25] Девушка (нем.)
[26] Мое проклятие, моя погибель, моя любовь и радость! (нем.)
[27] И всякие удовольствия - каждый день (нем.)
[28] Мир, прощай (нем.)

Тот голос охрип, от табаку сел, и то был его голос, старика. И она обмерла, а хозяин хохотнул:

— Кампа! Артикул метать! Хо! Хо!

И то был не хозяин, а то был хозяйский гвинейский попугай, которого, когда тот болел, к ней перенесли и который все время молчал, а теперь заговорил. Свернуть бы ему шею! За что такую птицу многие люди любят и платят за них немалые деньги! И положила тоже послать в кунштамору, как околеет, а чтоб скорей околел — не кормить.

Была пора, была самая пора, и времени она не стала терять, зазвонила в колоколец. Тотчас вошли фрейлины, и она стала производить умыванье и притиранье.

Подавали ей расписной кувшин в расписной мисе, и то была великая новость, как во Франции имеют моду: и кувшин и миса из толстой бумаги, проклеенной, и воду держат лучше фарфора. А в кувшине вода, и она стала плескаться и плеснула датской водой на грудь.

Датскую воду составлял аптекарь Липгольд из нюфаровой воды, бобовой, огуречной, лимонной, из брионии и лилейных цветов. Для нее имали семь белых голубей, их аптекарский гезель щипал, рубил им головы и папортки долой; мелко толок — и в воду. И перегонял. И эту датскую личную воду она любила.

Она ей плескалась и подавала рукой на грудь.

А венецианскую воду, производящую на смуглой коже белизну, она вылила на фрейлину в гневе. Та вода была майское молоко от черной коровы, и ей была не нужна, о том она уже раз фрейлине сказала. Она не была смуглая, у ней была своя, натуральная белость, и она закричала толстым голосом и вылила на фрейлину эту воду.

Потом уж было недолго: притерлась помадой бараньих ног и лилей — для мягкости и блеска, а воском для чего-то притерла ноги. И, двинув ушами, нарисовала на виске три синие жилки, елочкой — для обозначения головной боли.

Горчичным маслом она натерла правую руку.

На нее накинули черные агажанты.

Она терпеливо стояла.

Ей насунули на голову фонтанж, черный и белый, и облачили в черную мантию.

И тогда, обутая, одетая, толстая, белая, в черном и белом, понесла Марта свои груди вперед — в парадную залу.

И поднесла левую свою руку, умытую ангельскою водою, к лицу — закрыла слегка лицо — как бы в скорби — из залы шел дух.

А когда вошла в залу — опять увидала всех господ иностранных министров. Господа иностранные государства собирались сюда, чтоб смотреть, как она плачет с десяти пополуночи до двух часов пополудня. И она увидела Левенвольдика, молодого, со стрелками, с усиками — и поняла, что приблизит.

Потом посмотрела вбок и увидела Сапегу, жениха племянницына, еще совсем ребенка, и поняла, что приблизит.

Марта поднесла свою правую руку к лицу. В гробу там было...

И слезы потекли, как крупный дождь.

Екатерина возрыдала.

5

Характера не получил. Знаки на теле приобрел подозрительные. Артикул метать более не годен. Апшита, или отпускного письма, не имеет. Таким он пробрался назад, в город Петербурк. Отбылый из службы солдат Балка полка.

На окраине стояла харчевня, перед ней веки и крошни, и с них торговали три маркитанта-мужика калачами и водкой. В той харчевне он сел высматривать себе дело. Деньги у него были, нищие, что по дороге выпросил. Медными деньгами пять пятикопеешников, и все новые деньги, с государственными птицами, под птицами пять точек. А старые денежки и копейки, где ездок с копьем и гуртики глубокие, те никто не давал: те прятали. Те деньги считались за хорошие. И были еще три денежки, которые солдат пробовал на зуб, и о них у него было мнение, не воровские ли, потому что бока были гладкие, без рубежков.

Воровские деньги были тоже хорошие, но медные воровские шли много дешевле, чем старые. Это был убыток.

Так он пробовал на зуб денежки, и в это время вошли в харчевню цугом три слепые старика: один — толстый, рыжий, в дерюге, другой — средний человек и третий тоже, а вел их дурак, который запрометывал головой. Он ввел их, усадил за стол рядом и тогда перестал трясти головой, а старцы раскрыли свои глаза, и все оказались зрячие. Взяли калачей, стали пить чай и попросили вестового сахару. Пили они громко, хлюпали, а потом стали говорить и говорили тихо. О каких-то лентах, о позументах, другой о воске, а третий молчал. Опять поговорили, и солдат услыхал: "магистрат", "бурмистр", — только и всего, больше не слышал, они, очень тихо говорили. В

132

харчевню вошел какой-то молодец, поклонился трем старцам, а они сказали дураку идти вон, и молодец к ним присел, но поодаль. Тогда солдат вышел в сени; там стоял дурак, запрометнув голову, и лил прямо в глотку вино. Солдат дал ему закусить калача и спросил: чей будешь? Тот ответил:

— Я у купцов в дураках живу. А ты откуда?

— Я отбылый солдат Балка полка.

После того солдат дал дураку две денежки, чтоб тот дал ему раз глотнуть. После этого разговорились. Дурак рассказал, что он ходит в притворстве, а чей, давно позабыл и помнить не хочет, закрылся ото всего беспамятством и перед купцами молчит. Купцы богатые, а он их водит для притворства — просит милостыню. А первый, рыжий и толстый, щепетильный гостиный купец, второй — тоже гостиный, его зять, а третий состоит фабрическим интересентом на восковом либо на позументном заводе, и он состоять более не хочет и для того потерял себя. Что они видят лучше хоть бы его или солдата, аходят так, чтоб избыть налог, которого на них много наложено. Так цугом и ходят, сказаны у себя в нетях, сами записаны на богадельню, а всюду у них понасажены малые люди. А он у них в дураках и получает харч, порты и деньгами все, что соберут. Он и есть прямой нищий.

Что так стало в самое последнее время, — он от старцев слышал, — когда сам стал вдаваться в бабью власть и подаваться в боярскую толщу, а ранее был купецкий магистрат и те купцы не ходили в нетях.

Тут солдат Балка полка хотел крикнуть: "слово и дело!" и уже посмотрел на дурака изумленным взглядом, но дурак спросил его:

— Тебе Балк не говорил, что в лесу растет?

Солдат наморщил лоб, чтоб подумать, к чему дураку теперь нужен лес, и вспомнить, что Балк говорил, по дурак сму сам ответил:

— Растут в лесу батоги.

Тогда солдат отменил свое решение и так и не крикнул ни слова, ни дела.

— Вы, солдаты, известны, — сказал ему дурак, — железные носы, самохвалы.

И солдат Балка полка от этих слов развел руками, смирился и ответил, нельзя ли ему на службу, потому что он теперь почитай что и не солдат. Сам Балк, командир, куда-то подевался. Характер потерян.

— Денег давай, — сказал дурак и пояснил: солдат даст ему все, что у него есть, а он его пристроит. Деньги солдат отдал не все, а оставил два пятикопеешника. И дурак научил подойти к молодцу, который у старцев, и проситься в фабрические.

— Там, слыхал я, нынче щипать, сучить набирают, а ты ему поклонись получше. А я пойду.

И взошел в харчевню.

Там старцы отдыхали от чаю и от докладов, что делал им молодец, и пар шел у них из уст.

— Он изумленный, — с полным удовольствием сказал молодцу старец о дураке. — Сумасбродный. Но на еду востер и жаден и на шаг тверд. Так и ходим.

Тут вошел в харчевню солдат, и дурак запрометнул было голову, но старцы сказали:

— Ну полно, хлебай свое, что ты, как конь дикий, головой запрометываешь?

Он отхлебнул, поклонился и сказал старцам:

— Аминь.

И старцы построились и пошли, а дурак шел впереди.

Молодец же остался, и солдат подошел к нему и поклонился получше, и молодец его завербовал щипать— сучить, а потом послушал военную речь и увидал, что солдат крепкий, и руки у него тяжелые, и он как есть без хитростен, — и определил: быть ему сторожем, сторожить работных людей на восковом дворе, бить в било по утрам, ходить с собаками. А сторожевой команды всего четыре человека. Пашпорта ни апшита он не спросил и только сказал:

— Как что — кошками.

Солдат Балка полка посмотрел на него, а он ему объяснил:

— Тебе. Драть. Морскими кошками. А коли не так, так тебя.

И они вышли на улицу.

Уже перед мостом была поднята рогатка, и десятский караульщик пошел домой спать. Старцы шли цугом, а впереди дурак. Старцы пели:

> Сим молитву деет.
> Хам пшеницу сеет.
> Фет власть имеет.
> Смерть всем владеет.
> А дурак распевал громче всех.

6

— Без всякого сомнения, сьер Лежандр, он был способный человек. Но посмотрите, какие ноги! Такие ноги должны ходить, ходить и бегать. Стоять они не могут: они упадут, ибо опоры в них нет никакой. Не ищите в них мускулов развитых, мускулов толстых и гладких, как у величавых людей. Это одни сухожилия. Это две лошадиные ноги.

Он был недоволен ногами, потому что ноги были тонкие и в них не было никакой радости для его рук. И он ходил вокруг да около, огорчался, мял воск руками; к ваялу он не прикасался. Потом взглянул на воск в руке, мнул еще разок, и в глазах явилась игра. Замесил в кулак змеиной крови и опять глянул, сощурился. Погрел у открытой печки. Ткнул ваялом и потом сделал черту на комке, как бы человеческую линию. Яблоко лежало у него в руке. Взяв в толстые пальцы кисточку, обмакнул то яблоко сандараком, и оно засветилось как изнутри, якобы только что сорванное. И у мастера выпятились брыла, как у ребенка, который тянется за грудью, или как будто он губами, а не пальцами сделал яблоко.

— Главное, чтобы были жилки, — говорил он важно и вертел яблоко. — Чтобы не было... сухожилий. Чтобы все было полно и никто не мог подумать ни на минуту, что внутри пустота. Дайте мне проволоку.

Он прикрепил листки.

Тут глаза стали постреливать, губы — жевать, и он сделал: длинную сливину, тусклую, с синей пенкой на щеке, с чисто женским завоем, апельсин, в пупырышках, которые натыкал иголкою, цитрон, чрезмерно желтый, и виноград, тяжелый, слепой, гроздь темного испанского винограда, который сам лез в рот.

Он разложил все на больной пушке и после того обратился к господину Лежандру, как человек ленивый и не желающий более работать:

— Вы никогда не слыхали, сьер Лежандр, об императоре Элиогабале?

— Кажется, испанский, — сказал сьер Лежандр.

— Нет. Римский. Вы не должны хвастать своей ученостью, сьер Лежандр.

Тут Лежандр принял вид любопытного и любознательного и, не переставая пригонять шов на ступне, в том месте, где она должна была соединиться с бабкой, спросил, в котором же это веке жил столь знаменитый император?

— В котором? В пятом веке, — спокойно ответил мастер. — Не все ли вам равно, когда он жил, если вы не знаете, кто он такой? Совсем не в этом дело. Я просто хотел сообщить вам, что этот император любил такие фрукты и поощрял. И все должны были их есть и запивать водой, как была мода.

Тут он мотнул головой, оставшись доволен удивлением господина Лежандра. И Лежандр сказал:

— Гм. Гм.

— Воск помогает против дижестии, — сказал мастер бегло. — И эти придворные господа жрали этот воск. И, по всей вероятности, хвалили его вкус. А сам он ел, конечно, натуральные. Этот римский император.

И он ткнул пальцем в плоды, не глядя на них и холодно.

— Таково развращение среди придворных, — сказал он Лежандру значительно, — suum cuique[29].

Сьер Лежандр приладил ступню, и теперь все почти: руки, и ноги, и большое коромысло — плечи лежали на столе, и изо всех частей торчали в разные стороны железные прутья.

— Membra disjecta[30], — сказал мастер, — ноги! — и вдался в латынь. И это означало, что мастер скоро вдастся в фурию. Он пофыркивал. И господин Лежандр молчал, а мастер говорил:

— Вы, кажется, думаете, сьер Лежандр, — сказал он, — что другие выгадали более меня? Может быть, повторяю, другие мастера выполняют более почетную и выгодную работу? Вам ведь так это представляется?

Сьер Лежандр покрутил носом — ни да, ни нет, а вкруговую.

— Ну, что же, — сказал, попыхивая, Растреллий, — вы можете в таком случае идти к Каравакку помогать ему разводить сажу для картинок. Или лучше всего идите—ка вы к господину Конраду Оснеру, в большой сарай. Он вас научит изображать Симона Волхва в виде пьяницы, летящего вниз головой. А кругом чтобы кувыркались черти. Но только не проситесь обратно ко мне. Вы у меня полетите вниз головой, как Симон Волхв.

Потом он несколько поуспокоился и сказал с горечью:

— Вы еще не понимаете вещей, монсьер Лежандр. Столь неохотно повысил он его в монсьеры.

— Вы, конечно, знаете, и, без сомнения, вы слыхали об этом, несмотря на свой рассеянный характер, — вы не могли об этом не узнать, — что похороны будут большие. Карнизы, и архитравы, и фестоны, и троны. Над карнизами будет висеть пояс, а на нем блестками будут вышиты слезы. Вы могли бы, сьер Лежандр, выдумать что-нибудь глупее? Балдахины, и кисти, и бахрома, и Hollande, и Брабант!

Нос у него раздулся, как раковина, в которую дует тритон.

---

[29] Каждому свое (лат.)
[30] Разъединенные члены (лат.)

136

— Пирамиды, подсвечники, мертвые головы! Вкус господина маршала Брюса и господина генерала Бока! Которые понимают только маршировать. Господа военные рыгуны! И наш знакомый граф Егушинский, этот дебошан всех борделей! Он, кажется, главный распорядитель. Он привык к борделям и думает, что там лучший вкус, — и он устраивает этот похоронный зал! Вы слыхали, сьер Лежандр, о статуях, кои там льются, как ложки? О! Вы не слыхали? Плачущая Россия с носовым платком. Марс, который блюет от печали, Геркулес, который потерял свою палку, как дурак! Подождите, не мешайте мне! Урна, которую держат ревущие гении! Урыльник! Двенадцать гениев держат урыльник! Их столько никогда не бывало! Мраморные скелеты, какие-то занавесы! Вы не видели этого прожекта! Милосердие с огромным задом. Храбрость с задранным подолом и Согласие с толстым пупом! Это он в каком-то борделе видел! И мертвые серебряные головы на крыльях. И они еще увиты лаврами, эти морды. И я вас спрашиваю, и я предлагаю вам немедленно ответить: где вы видели, чтобы головы летали на крыльях и были притом увенчаны лаврами? Где?

Он бросил кусок воска в печь, и воск зашипел, брызнул и заплакал.

— Вот, — сказал Растреллий. — Это дрянь. Выбросьте сейчас же целый пласт! А после похорон господа министры разберут эти все справедливости по домам, на память, эти дикари, и их детишки будут писать на толстых бедрах разные гнусные надписи, как это здесь принято на всех домах и заборах. И они развалятся через две недели. "Подобие мрамора"! И в таком случае я приношу свою благодарность. Я не желаю делать эти болваны из поддельных составов. Да мне и не предлагали.

Я лью пушки и делаю сады, но я не хочу этих мраморов. И я буду делать другое.

Тут он скользнул мимо Лежандра взглядом в окно.

— Всадник на коне. И я сделаю для этого города вещь, которая будет стоять сто лет и двести. В тысяча восемьсот двадцать пятом году еще будет стоять.

Он схватил виноград с пушки.

— Вот такой будет грива, и конская морда, и глаза у человека! Это я нашел глаза! Вы болван; вы ничего не понимаете!

Он побежал в угол и цепкими пальцами вытащил из холстинного мешка восковую маску.

И все, что говорил он ранее, — весь беспричинный

некоторый гнев, и великая ругня, и фукование, что все это означало? Это означало — суеверие, означало лень перед главной работой. Он еще не касался лица, он ходил вокруг да около того холстинного мешка, этот хитрый, вострый и быстрый художник искусства.

И только теперь он осмотрел прилежно маску — и издал как бы глухой, хрипящий вздох:

— Левая щека!

Левая щека была вдавлена.

Оттого ли, что он ранее снимал подобие из левкоса и нечувствительно придавил мертвую щеку, в которой уже не было живой гибкости? Или оттого, что воск попался худой? И он стал давить чуть—чуть у рта и наконец успокоился.

Лицо приняло выражение, выжидательность, и впалая щека была не так заметна.

И так стал он отскакивать и присматриваться, а потом налетал и правил.

И он прошелся теплым пальцем у крайнего рубезка и стер губодергу, рот стал как при жизни, гордый — рот, который означает в лице мысль и ученье, и губы, означающие духовную хвалу. Он потер окатистый лоб, погладил височную мышцу, как гладят у живого человека, унимая головную боль, и немного сгладил толстую жилу, которая стала от гнева. Но лоб не выражал любви, а только упорство и стояние на своем. И широкий краткий нос он выгнул еще более, и нос стал чуткий, чующий постиженье добра. Узловатые уши он поострил, и уши, прилегающие плотно к височной кости, стали выражать хотение и тяжесть.

И он вдавил слепой глаз — и глаз стал нехорош — яма, как от пули.

После того они замесили воск змеиной кровью, растопили и влили в маску — и голова стала тяжелая, как будто влили не топленый воск, а мысли.

— Никакого гнева, — сказал мастер, — ни радости, ни улыбки. Как будто изнутри его давит кровь, и он прислушивается.

И, взяв ту голову в обе руки, редко поглаживал ее.

Лежандр смотрел на мастера и учился. Но он более смотрел на мастерово лицо, чем на восковое. И он вспомнил то лицо, на которое стало походить лицо мастера: то лицо было Силеново, на фонтанах, работы Растреллия же.

Это лицо из бронзы было спокойное, равнодушное, и сквозь открытый рот лилась бесперестанно вода, — так изобразил граф Растреллий крайнее сладострастие Силена.

И теперь точно так же рот мастера был открыт, слюна текла по углам губ, и глаза его застлало крайним равнодушием и как бы непомерной гордостью.

И он поднял восковую голову, посмотрел на нее. И вдруг нижняя губа у него шлепнула, он поцеловал ту голову в бледные еще губы и заплакал.

Вскоре господин Лебланк принес болванку, она была пустая внутри. И господин механикус в чине поручика, Ботом, принес махину, вроде стенных часов, только без циферблата, там были колесики, цепочки, и гирьки, и шестеренки, и он долго это вделывал в болванку.

Господин Лежандр приладил все швы, и портрет вчерне был готов. Господин Растреллий натер крахмалом, чтобы не прожухло и не растрескалось и чтоб не было потом мертвой пыльцы.

Так его посадили в кресла, и он сел. Но швы выглядели тяжелыми ранами, и корпус был выгнут назад, как бы в мучении, и ямы глаз чернели.

И потому, что был похож и не похож и так было нехорошо, господин Растреллий накинул зеленую холстину, и снял фартук, и вымыл руки.

Вскоре заехал господин Ягужинский, немного уже грузный. Ягужинский увидел на пушке фрукты, и ему захотелось иностранных фруктов, он закусил яблоко и, сейчас же выплюнул и изумился.

Потом все долго хохотали над этим куриозным случаем.

Уходя, господин Ягужинский сделал распоряжение — завтра, когда вставят глаза, послать восковой портрет во дворец — одевать. И заказал графу Растреллию сделать за немалые деньги серебряные головы с крыльями, аки бы летящие, и в лавровых венцах, а также Справедливость и Милосердие в женских образах.

И граф согласился.

— Я давно не работал на серебре, — сказал он Лежандру. — Это благородный материал.

7

Ее со многими сравнивали. Ее сравнивали с Семирамидой Вавилонской, Александрой Маккавейской, Палмирской Зиновией, Римской Ириной, с царицей Савской, Кандакией Ефиопской, двумя Египетскими Клеопатрами, с Аравийской Муавией, с Дидоной Карфагенской, Миласвятой Гишпанской, из Славянского рода, и с новейшей Кастеллянской Елисавет, с Марией Венгерской, Вендой Польской, Маргаритой Датской, с Марией и Елисавет Английскими, и Анной Почтенной, с Шведской Христиной, и Елеонорой, и с Темирой Российской, что Кира, царя Персидского, не токмо победила, но и обезглавила, и с самодержицей Ольгой.

А потом выходили в другую комнату и говорили:

— Хороша баба, да на уторы слаба! И она не дождалась.

Масленица была уж очень обжорная, сытная в этом году, все его поминали, и все пили и ели, и она всех дарила и кормила, чтоб были довольны. Прислали ей из Киева кабана, козулей и оленя. Кабан был злой, она его подарила. И еще сделала подарки: золотых табакерок четыре, из пряденого серебра пять. Хоть и был какой-то запрет носить пряденое серебро, да другихне было, пускай уж носят. И старалась все делать по вкусу: Толстой любил золото, Ягужинский картинки и парсунки и женскую красоту, игровых девушек, Репнины — поесть, и она все им предоставляла. И подносила, и сводила, и пить заставляла. И она так много дарила, и ела столько блинов, и столько вина пила, и столько рыдала, что растолстела, опухла, ее как на дрожжах подняло за эту неделю. И она не дождалась.

Еще там, в малой палате, стояло это все, и еще по комнатам шел этот самый дух и попы ревели, а она уж не выдержала, она почувствовала, что плечи свободные, а в груди стеснение и что осовела, что губы стали дуреть и ноги нагнело.

Тогда, ночью, она оделась темно, укутала голову и пошла, куда нужно.

Она прошла мимо часовых и пошла по берегу, а снег таял, было ни темно, ни светло, а на углу ее дожидался тот, этот, молодой, Сапега.

Они пошли куда-то, ноги у ней шли сильно, и она знала, что все сойдет хорошо, ей это было приятно, и она была сама не своя, и земля под ногами в малых льдинках, и она совсем уж не такая старая и совсем не такая пьяная, она крепко ходит.

Дошли они до избушки, и он стал, тот, молодой, возиться с дверью, а тут не стало время, и земля уж не была такая очень холодная, он подстелил ей свой плащ.

Тогда она сказала:

— Ох, ето страм.

И наконец его обвопили, и уложили, и все дело покончили. И в палатах открыли окна, ветер гулял в палатах и все очистил. А потом разобрали все, что там было, — сняли пояс со слезами, прибрали Справедливость и гениев с урной и отослали в Оружейную канцелярию, при которой быть Академии для правильного рисования.

И тогда уж все пошло свободней и свободней, и сдох попугай гвинейский.

Сразу же послан и с клеткою в куншткамору. И вместе с ним — Марс золотой, из вещей Вилима Ивановича.

И тут она стала погуливать по палатам хозяйкою и тихонько напевала.

И ей не мог быть приятен вид, открывавшийся в палате: на возвышенных креслах, под балдахином, сидело восковое подобие. И хоть она велела тот балдахин с креслами, для величия, огородить золочеными пнями, а между пнями пустить зеленые с золотом веревки, — но все от него было холодно и не хозяйственно, как в склепе или где еще. Он был парсуна, или же портрет, но неизвестно было, как с ним обращаться, и многое такое даже нестать было говорить при нем. Хоть он был и в самом деле портрет, но во всем похож и являлся подобием. Он был одет в парадные одежды, и она сама их выбирала, не без мысли: те самые одежды, в которых был при ее коронации. Чтоб все помнили именно про ту коронацию. Кресла поставили ему лучшие, березовые, те, что с легкими распорками, с точеными балясинами, — на вкус его великолепия. И он сидел на подушке и, положа свободно руки на локотники, держал ладони полурастворенными, как бы ощупывая мизинцем позументики.

Камзол голубой, цифрованный. Галстук дала батистовый, верхние чулки выбрала пунцовые со стрелками. И подвязки — его, позументные, новые, он еще ни разу их не повязывал. И ведь главное было то, что на нем, как на живом человеке, было не только все верхнее, как положено, но и нижнее: исподница, сорочка выбивается кружевными маншетками.

И смотреть с ног вовсе не могла, потому что уговорили ее обуть его в старые штиблеты, для того чтоб все видели, как он заботился об отечестве, что был бережлив и не роскошен. И эти штиблеты, если на них смотреть прилежно, — изношенные, носы загнуты, скоро подметку менять — и сейчас топнут. И она не могла смотреть слишком высоко, потому что голова закинута с выжиданием, а на голове его собственный, жестковатый волос. Его парик.

Смотреть же на пояс и на портупею тоже не хотелось. Он кортика не вынет, назад не задвинет — и вот каждый раз об этом приходить в мнение и опять отходить.

А в ножнах кармашек, в нем его золотой нож с вилкою: к обеду.

Хуже всего было, что это двигалось на тайных пружинах, как кому пожелается. Сначала она не хотела принимать, а сказала прямо отдать художнику и денег не платить, из-за этих пружин, что они сделаны. Но потом ей объяснили, что на то было светлейшее согласие. Тогда она велела его огородить и веревками обтянуть, не столько ради величия, а чтоб хоть не вставал. И опасалась близко подходить.

И не было приличного места, где его содержать: в доме от него неприятно, мало какие могут быть дела, а он голову закинул, выжидает. Сидит день и ночь, и когда светло и в темноте. Сидит один, и неизвестно, для чего он нужен. От него несмелость, глотать за обедом он мешает. В присутственные места посылать его никак невозможно, потому что сначала будет помешательство делам, а потом, когда привыкнут, не слишком бы осмелели. И хоть оно восковое, а все в императорском звании. В Оружейную канцелярию, где быть Академии рисования, — тоже нельзя: первое, что еще нет Академии, а только будет; другое — что это не только художество, но и важный и любопытный государственный предмет.

И так он сидел, ото всех покинутый. Но малая зала уже очистилась и нужна была. А тут подох попугай и послан сразу в куншткамору. И туда же — государственные медали с эмблемами и боями. И вещи, которые он точил, — паникадило, доска—нец и другие, из слоновой кости. Это тоже важные государственные памяти.

Тогда стало ясно: да, быть ему в куншткаморе, как предмету особенному, замысловатому и весьма редкому и по художеству и по государству.

Там ему место.

9

У Растреллия остался немалый запас белого воска. Он лежал в углу кучей, бледный, ноздреватый, постылый. Наконец он надоел. Мастер откромсал изрядный шмат кривым ножом, а часть, будучи скуп, оставил про запас. Он стал делать модель монумента, какой желал себе представить посреди обширной площади, и, делая его с лестью и гордостью, иногда во время работы приосанивался и льстиво улыбался. Всадник был всего с поларшина, а ехал гордо. На челе у всадника были острые лепестки — славный лавровый венец. На пузастом постаменте, по бочкам, мастер налепил амуров с открытыми ртами и ямками на пупках, какие бывают на щеках у девок, когда они смеются. Среди амуров разместил он большие раковины и остался доволен.

Все в природе встречало героя с радостью и готовностью. Наслаждаясь одержанными победами, герой неспешно ехал в лавровом веночке на толстой и прекрасной лошади, и было видно по ее мослакам, что может ехать долго. На деле весь всадник был с пол—аршина, из воска, но все это была модель для будущего большого памятника. Впрочем, неизвестно было, как понравится, удастся ли уговорить, дадут ли заказ и сколько заплатят. Мастер сказал господину Лежандру, подмастерью, разнежась и хвастая:

— Здесь вскоре, вероятно, будут ставить памятник, монсьер Лежандр. Будут большие заказы, большие деньги и много разговоров. И если б мне пришлось прежде отливки героя скончаться среди моих неконченных трудов на радость господину Каравакку — который, однако же, сдохнет гораздо раньше меня, не правда ли? — если бы я умер, говорю я, от отягощения пузыря или был отравлен подосланным от господ Каравакка и Оснера мерзавцем, — я подозреваю, что мой повар подкуплен, — в таком случае, монсьер Лежандр, вы закончите отливку, как я вам укажу, поставите памятник прилично и похороните меня великолепно и пышно, ничего не жалея, с печалью, как графа и учителя. Все, что останется из денег моих, можете взять себе. И всем этим вы прославитесь. Ни в каком случае не бросайте этого начатого мною предприятия! А я боюсь, что скончаюсь от отягчения моего пузыря: он дает себя чувствовать. Если ж я останусь жив, я, по всей вероятности, прибавлю вам жалованья. И таким образом вы будете получать в три раза более того, что получают эти бедные дьяволы— ученики у Каравакка и пьяницы Оснера.

И размягчась, мастер выпил стакан элбира и выслал вон господина Лежандра. Он позевал, осмотрел еще раз малого гордого всадника, покрыл все полотном и позвал жившую у него в услужении девку, чтобы она погасила свечу и веселила его.

143

ГЛАВА ПЯТАЯ

Ей, худо будет; спокаесься после,
Неутешно плакати будешь опосле.

Акт

Хоть пойду в сады или в винограды,
Не имею в сердце ни малой отрады.

Егор Столетов

1

Он был белозуб, большерот, хохотлив, нос баклушей. Дом у него был большой, и он долго его строил, и дом хотел быть квадратом, а выходил покоем и вышел в беспорядке. Если б квадратом, он зашел бы за линию, а это запрещалось.

И во дворе он поставил весьма изящный истукан: Флёра, несущая в мисе цветы и улыбающаяся. А бабы—поварихи бросали в ту мису объедки. Дом был дворец, а около дома, летом, пас коров пастух, с луговой стороны, к Галерной. Он с ним не мог управиться. Был генерал-прокурор, многих знатных воров изловил, а пастуха гнал и не мог согнать— пастух играл в рожок, и коровы мычали. И он махнул рукой.

Он шумствовал и плел голос толстый, как канат, и был гневлив до затмения и до животного мычания. Он был площадной человек. И вот он был недоволен. Павел Иванович Ягужинский.

Данилыч, герцог Ижорский, называл его так: язва. Он ругал его шпигом и говорил о нем, о его должности: шпигование имеет над делами. Он называл его: горлопан, плясало, неспустиха, язва, шумница, что он пакости делает людям, что он архи-Обер-скосырь, что не по силе борца сыскал, что он ветреница, дебошан.

Он называл дом его: Ягужинский кабак, потому что там жили разные люди.

И еще: Пашкина люстра, как если б это был распутный дом, или берлога, где звери лежат, или же бабий двор.

Он намекал о нем заочно: женка у него, у Пашки, была зазорная, подол задравши бегала по домам, и он, Пашка, ее в монастырь сунул, а сам ушманал другую, да такую, что вместе с

144

ним в один вой воет. Щербатый черт, а не дама. Что он всех, как бешеный скот, забодает; что отец его пастух, в сопелку дул, а он, Пашка, горазд плясать. Он пистолет—миновет пляшет и на господ из Сената покрикивает. Смехотворец, Протокопай. Называл его: Господин Фарсон и еще: Арцух фон Поплей — это в том отношении, что Павел Иванович был любезник и любил чувство и музыку, что он знался с девками актерскими, и актеров набирал, и любил драматическое действо. А Господин Фарсон и Арцух фон Поплей были новейшие драматические названия. И, может, еще оттого, что он был остер говорить на чужих языках и этим перед многими гордился: Фарсон.

Или что он хотел достать герцогского звания, а был только что граф, и этих бар полон анбар: Арцух фон Поплей. Что он лезет носом, что он шпиг. Это он давал намек на должность. Ягужинский был и полковник и генерал-маеор, но, Во-первых, был он "государевым оком".

Это око смотрело, и нос лез во все, и весьма нюхал, я ревизовал. Ничего не боясь. Потому что он был дебошан и горлодер.

Он был площадной человек, никому не похлебствовал, лез, высматривал. Его не одолели. Нет, — он не свалился. Пил только он теперь чрезмерно — настой, вино, английское пиво элбир — теперь он жадно все это тянул. Без вина он плакал теперь. Потому что один остался. И вот — как что — подойдет, опрокинет — и готов к действию. Чинить надзор, смотрение, чтобы дело стояло и чтобы оно шло, и кого надлежит бить по рукам. И если кто его тронет, тогда ягужинская глотка раскроется, и глаза выкатят, и толстый рев:

— Го-го-го-го!

Этого угрожательного рева боялись, и от него стекла дрожали. И он уцелел. Но он был недоволен.

Он говорил ранее о Данилыче, господине Ораниенбаумском:

— Menschenkot! Загреба! Хунцват! Сердце коронованное в гербе имеет, а внутреннее сердце мышь съела! Сухостой! Пакость делает нижним людям, а вверху наружно льстит! Ему все равно, хотя бы наклад в государстве! Только бы в боярскую толщу пролезть, принц Кушимен! Он, Данилыч, себе в карман все российские Европы прикарманит. Поперек въезжает, зная и не зная. Скаредный, адский советник Ахитофел! Прегордый Голиаф!

И тут же делал намек на ночные разговоры Александра Данилыча со свояченицей:

— И что ему в Варваре, когда у него все в кармане!

145

А Данилыч, узнав об этих широкошумящих ругательствах, отзывался о Ягужинском кратко: зюзя.

Но теперь, когда герцога метнуло уж очень высоко, Ягужинский не слетел, не сослан — он по вечерам запирался. И сидел один. Теперь жена его к нему редко показывалась. Она была у него умная и щербатая от оспы — и так, как будто у ней по лицу куры гуляли. Он не любил смотреть ей в лицо, он любил ее вид с боков или же сзади, так, чтобы лица вовсе не было видно. А теперь перестал смотреть и с боков. Он теперь думал.

Он считал по пальцам: Остерман — потатуй, молчан—собака, неизвестно кого за ногу хватит. Апраксин — человек обжорный и нежелатель дела. Вор. Господин Брюс — ни яман, ни якши, человек средней руки. Потом господа гвардия, нахлебнички, война без бою, а потом кто? — Потом боярская толща. Голицыны, Долгоруковы, татарское мыло, боярская спесь. Выходило: теперь он один, Паша, Павел Иванович. И он не испугался, он только очень себя жалел, до слез. Он крякнул и выпил элбиру. Потом велел звать пленного шведского господина Густафсона, что жил у него в доме для разных домашних дел, а для каких?

Для музыки. Он ему играл по вечерам, во время шумства, на пи-кульке, и пикулькин звук был сладкий и мутительный, он тянул слезы из глаз, он его канатом вязал. Так он себя терзал, потому что у него было чувство и любезность, а не только толстый рев и дебошанство, как о нем говорили некоторые. Господин Густафсон играл ему, Павел Иванович тянул настой и смотрел поверх себя — на потолки, а они были штукатурены, по немецкой моде, а по самой середине мастер Пильман вывел ему голую девку, стоящую посреди цветов, и для смеха Павел Иванович ему заказал правильно нарисовать фигуру знакомой актерки, и вышла похожа.

Павел Иванович смотрел теперь на ее живот, потом на стены с индийскими выбойками, а выбойки были уже кое—где и початы, забрызганы и прострелены, для шутки.

Он ел много, еда была дареная, от разных дворов: от венского двора метвурст и оливки, а от датского анчовисы и копченые сельди из бочонка; как он много пил теперь вина, то ел без всякого разбору, и венское и датское, а кости бросал под стол и слушал музыку.

Звук пикульки был такой тонкий и круглый, как бы голос какой девицы, человеческий голос, который все изображал разные чувства, юлил, плакал, вертелся, как завойное шило, тоньшел даже до свиста, а там опять толстел, и потом даже стал как бы другой человек в этой комнате, другой, не шведский господин Густафсон. И после того как швед сыграл свою мутительную, до слез, музыку, — Павел Иванович вдруг остановил шведа и выслал его вон. Он вдруг подумал, что, эх, хорошо было бы, если б именно он сейчас был главным советником, а не Данилыч. Вот это было бы хорошо. А потом опять стал считать: Апраксин — обжора, вор, и другие — и вдруг — от музыки и от настою он вошел во мнение: что ведь и Данилыч на своем Васильевском острове теперь сидит и тоже считает. А кого он другого может насчитать? Все те же, и еще он сам, Павел Иванович, на придачу. И на ком тогда станет? Потому что стать-то нужно на ком-нибудь. И пойдет в боярскую толщу. А если пойдет, так вернет из Сибири Шафирова, Шаюшкина сына; он на Долгорукой женат и всех ему бояр перетянет. А вернет Шаюшкина сына, отымут у Пашеньки Мишин остров, который был от того взят и ему подарен. Три мазанки! Море! Роща березовая!

А не бывать Шаюшкину сыну с Алексашкою в царях! А не возьмут площадного человека!

А были бы купцы, магистрацкие люди, да мастеровые, да чернь!

Го-го-го-го!

Вот тут и началось настоящее шумство.

2

Его свезли в куншткамору ночью, чтобы не было лишних мыслей и речей.

Уставили ящик со всею снастью в крошни, закидали соломой и отвезли в Кикины палаты. Едут солдаты во тьме, везут что-то. Может быть, фураж, и никому нст дела.

Несли все сторожа, да и двупалые помогали. Они были сонные, еще не рассвело, и помощь от них была какая? Они светили. Держали в клешнях своих самые большие свечи, которые были в Кикиных палатах, и старались, чтоб ветер не задул.

А в палатах очистили большой угол, передвинули оленя да перенесли три шафа. Два дня вешали там завесы, набивали ступени; обили их алым сукном с позументами. И одели все красной камкою, для предохранения от пыли. Уставили работы господина Лебланка навес с лавровым суком и с пальмовым. На куполе была подушка деревянная, взбитая, со складками, как будто ее сейчас с постели взяли, — так ее сделал господин

Лебланк, — на подушке царская корона с пупышками, а над короною стоит на одной ноге государственная птица, орел, как бы к морозу или собирается лететь. Во рту лавровый сук, в когтях — литеры Пе и Пе.

Когда уставляли, поломали лавровый сук и одно крыло. Лебланк чинил, замазывал и получил за починку особо. Он за этот навес и за болванку получил немалые деньги и теперь собрался уезжать.

Поднимали даже полы, и господин механикус Ботом пустил там разные железные прутики и пружины, подпольную снасть.

И усадили. Смотрел он в окно. А по бокам уставили шафы с разным платьем, тоже его собственным, подвесили к окну гвинейского попугая.

Поставили в углу собачек: Тиран, Эоис и Лизет Даниловна.

Так он ее называл, эта Лизет была как будто бы родная сестра Данилычу.

Это он так говорил в шутку и в смех. А она была собака, рыжая, аглицкой породы.

А в углу — лошадь, тоже Лизета, — но она облезла, и ее покрыли попоной, а на попоне тоже литеры Пе и Пе.

Но потом пришли в сомнение. Собаки еще ничего, собак в палаты не только допускают, особенно немецкие люди, но еще и кости им бросают, как прилично образованным людям, и если собаки ученые, они носят поноску, выказывают свой ум и так радуют гостей. Но лошадей в палаты пускал разве только Калигула, император римский и такой, что лучше его не поминать. Нельзя преобращать важное зрелище в конское стойло. Хоть и любимый конь и участвовал в Полтавском бою, но облез, и от него пойдет тля. И вскоре лошадь Лизету убрали вон и с попоною.

А пока таскали, переносили некоторые натуралии, уставляли — уплыло из склянок несколько винного духу.

И ночью шестипалый прошел в портретную палату (теперь ее так стали звать).

Темно было. Сторожа спали, их свалил винный дух. Видны были собаки Тиран, Лизет и Эоис, и мертвая шерсть стояла на них дыбом.

И, закинув голову, в голубом, и опершись руками о подлокотники, протянув удобно вперед длинные ноги, — сидела персона.

Издали смотрел на нее шестипалый.

Так вот какой он был!

Большой, звезда на нем серебряная!

148

И все то — воск.

Воск он всю жизнь собирал по ухожью и в ульях, воск он тапливал, резал, в руках мял, случалось, делал из него свечки, воск его пальцы помнили лучше, чем хлеб, который он сегодня утром ел, — и сделали из того воска человека!

А для чего? Для кого? Зачем тот человек сделан, и вокруг собаки стоят, птица висит? И тот человек смотрит в окно? Одетый, обутый, глаза открыты.

Где столько воска набрали?

И тут он подвинулся поближе и увидел голову.

Волос как шерсть.

И ему захотелось пощупать воск рукой. Он еще подошел. Тогда чуть зазвенело, звякнуло, и тот стал подыматься. Шестипалый стоял, как стояли в углу натуралии, — он не дышал.

И еще звякнуло, зашипело, как в часах перед боем, — и, мало дрогнув, встав во весь рост, повернувшись, — воск сделал рукой мановение — как будто сказал шестипалому:

— Здравствуй.

3

В тот месяц много ездили друг к другу в гости и стали больше пить вина.

Когда человек встречался с другими людьми, ему было уж не так страшно, что кругом болота и что воздух неверный. Этот страх тогда проходил. Человек тут обтесывался, как камень в воде, и становился неспособен к упорству и мнению.

И сани, разные пошевни, а когда снег сошел — и коляски, полукаретья — скрипели тогда по городу. И больше ездили в полукаретьях, чтоб не брать с собою провожатых холопей, а только двух лакеев, чтобы не было лишнего шпигования.

Павел Иванович за сегодняшний день побывал у Остермана и еще у некоторых. А вечером к нему приходили малые люди — из купецких людей, потом из бывших магистрацких, и долго сидел у него в комнате, где на потолке был правильно нарисован актеркин живот, — Мякинин, Алексей.

Потом все ушли, а он подошел к окошку и увидел: на той стороне Невы огоньки в Меньшиковых мазанках. Все спокойно, и ничего не случается, ни большого пожара, ни наводнения. Все на месте, а где самый Меньшиков дом — отсюда не видно.

149

Он стал шататься от зеркала к зеркалу, и все зеркала показывали одно и то же: губы набрякли, голубой глаз в пленке, от настою, ноздри раздул. И все время он бормотал, сквозь белые зубы — с придушьем и свистом, а потом — губы чмок — и толстый голос, до зубовного скрежета и даже до животного мычания. И в конце — фукование и — как бы горький смех.

Все вместе — как будто учил и репетовал комедию, новую и неслыханную.

Подплыл к зеркалу, что у двери, оно отражало правое окно во двор — и шепотом:

— Дракон Магометов!

Посмотрел кругом себя, со знанием и свирепостью в глазах, и не увидел ничего, кроме мебелей и серебра, тогда развел руками, как бы в полном и последнем непонимании или как будто он все сделал, что мог, и более ни за что ручаться не может:

— Голеаф!

И передохнув, походив, он посмотрел в окно и увидел фонарь и фонарный свет, который падал стекловидно, как круглый фонтан, на землю. Сам от себя ставил, и с чугунным столбом, для примера прочим.

— Фонарные деньги? — угрожающе сказал он. И тут он сощурился.

— А для чего, господа Сенат, — хотя бы и фонарные деньги, — то для чего с Адмиралтейского острова по Мьюреку по копейке тех денег собирают? А в Санктпетербурском по деньге?

— А не для того ли, — и протянул перст, как римский оратор, — не для того ли, что там Меньшиков зять проживает?

Горько посмеялся.

— И не светят фонари, — сказал он единым хрипом, — и уже не светят фонари, для того что побраны лишние поборы — деньги квадратные, хлебные, банные, сенные, дровяные, и прорубные, и повалечные, и хомутные! И горькие деньги!

И схватился рукой за лацкан, как бы издав рыдание:

— Для шпигования живу, а не для управления! И прошу и именно указую, а ответ тяжелый!

И, отдышавшись, стал перечислять кратко и быстро:

— Беглые, и умершие, и взятые в солдаты из подушной не выключенные. И бегущие в башкиры...

Тут поскоблил пальцем над правой бровью, потому что позабыл. Походил и спохватился. И указал в окно, прямо на Флеру, несущую цветы.

Вошла щербатая.

И щербатая села и стала слушать, а он сказал ей, вместо Флеры:

— Вот я, Анна, тебе говорю и объявляю, что после расположения полков на квартеры в душах явился ущерб! Двинули в Казанское царство — и убыло тринадцать тыщей человеческих душ! Ето бездельство!

А щербатая, склонив глаза, слушала и стучала ресницами. Она была умная.

— Ведь я вправду говорю, — сказал он щербатой, хоть та и не возражала.

— Ведь небезужасно слышать, что одна баба от голоду дочь свою, кинув в воду, утопила.

А щербатая ждала от него еще слов, и ей дела не было до бабы, да и тому тоже. Тогда он рассердился на нее за такое бесчувствие и стукнул по столу:

— С господ офицеров положить половинную сбавку! Потому что мирное время! И пускай идут из Петерсбурка, а шпаги свои положат на время в футляр! Или уж воевать — так не с бабами!

Тут он налил и выпил элбиру, а щербатая сказала:

— И персидские дела.

Не допив, махнул на нее рукой и спросил:

— А для чего канальное строение от солдатов перервал? И каналы в запустение придут. Для чего? И Петерсбурк— колонна, конечно, перестанет.

И, со злобой и с надмением откинув назад голову, сделал хальную улыбку:

— А ревизии нынче не будет, господа Сенат! Не будет ничего ревизовано, потому что сей пронзительный княжеский ум ревизию не пускает. И так все видит!

И развел ладонями, как веерами, перед самыми глазами, с насмешкою, и плеснул элбиром. И тут бросил стакан наземь, со звоном и хрустом.

— Генеральный фундамент на всем свете земля и коммерция. А он за новые тарифы себе дачу в карман положил. Не без страсти! И теперь в изумлении купецкие люди: ли коммерцию в архангельский Город переведут, ли в Кронштадт, или вовсе изведут! И быть ли Санктпетерсбурку или Городу? Дайте мне ответ, господа высокий Сенат, — сказал он щербатой, — потому что это есть немалое проблема! И Петерсбурк уже неверный!

— Датские дела, — сказала тихонько щербатая и тряхнула головою, с большой тревогой и страхом, но одобряя.

— И с немалым ужасием и страхом смотрю я, — и он схватил ее тонкую руку в свою, красную и большую, — как светлейшая машина слепа! И в датских делах ожесточение! Оружие на землю валится! И уже офицеры холопами его стали! Насильством добывают!

Выбежав на середину комнаты и рванув кафтан на груди, он заревел, вертя головою:

— И всякий приходит и просит, чтоб была справедливость! Такова сила в житье моем! Ни потешения, ни отрады! И кровь путь покажет!

И щербатая быстро-быстро махала ресницами.

А он все вертел головою во все стороны, как будто искал какого предмета или же прибавления к словам, и вдруг, неожиданно для себя самого, возопил:

— Голеаф!

Тут он упал в кресла и посмотрел кругом: свечи горят, играют на серебре, на стене пятно, палата большая и могла быть меньше. В креслах сидит жена, щербатая, умная, а могла бы сидеть другая, не такая умная, да не щербатая. И все не идет с места, а кругом город сделался неверный и может запустеть к лету. Задрожит и поползет. Такой город! Тридцать тысячей человеческих душ! Оползает — уже напротив мазанка заколочена, где жил портных дел мастер, немец Михайло Григорьев. А куда ушел? В нетях.

Разбредутся прочь от работного места и скажут, что место болотное. А начнет же он завтра его тревожить, как палкою пса.

На сегодня было довольно.

Он сказал, помолчав и совсем другим голосом, как бы со скукою и с жалостью сердца:

— Толстой обещался, и Остерман молчать будет. И на завтра, Аннушка, ленту мне приготовь. А элбиру уже на сегодня довольно. Бардеуса пришлите. И кликните мне, пожалуйте, балбера—цырульника, и он мне кровь пустит.

4

С детства была камора низкая, и деревянные стены были копченые, бревна пахли дымом. На всю камору была печь; в печи — дрова.

Посередине стоял огромный деревянный обрубок, как будто в комнате рос дуб, его срубили, и это пень.

Отец был толстый, красный, с него капал пот на тестяные

листы. Он выворачивал обеими руками большую сковороду на обрубок, громко считал, а когда говорил:

— Сорок сороков! — переставал считать, отирал пястью пот со лба, а руки о фартук, и больше не пек.

Фартук был румяный, поджарый, и стоял колом.

Востроносая мать ворочала так тонко пальцами на обрубке, точно белошвея, и чинила тесто луком и бараньим сердцем.

А он, Александр Данилыч, все нюхал тонко и длинно: дымок, конопельное масло. А отец был молчалив, уходил из дому и приходил шумный, без речи и без портов. А мать была вострая и считала деньги в углу. И когда много лет спустя плавал в море и уже был адмиралом — нюхнул: смола. Матросы смолили гальюн, и дым был сладкий, бревна просластились дымом. Тогда на малое время как бы опять все у него явилось в его памяти через этот запах: камора, и тот пень, и отец, красный затылок, и печь, и:

— Сорок сороков!

В последние годы он раза три так вспоминал себя. А больше не вспоминал.

Потому что он теперь не помнил, он жил без памяти. И все ясно видели со стороны, как менялся. Он несколько раз в жизни менялся — то был тонкий и быстрый, и весьма красив, и проказлив, потасклив и жаден. И видно было, что дальнего стремления у него не было никакого, а просто было большое движение, газард и смех. Потом лет пять ходил и ездил, плотный, и осмотрительный, и чинный, и взыскательный к людям, и жадный. Потом — опять его унесло. Стал востер, отвращаться от людей, лицом безобразен, по вострому носу пошли красные жилки. И тогда стал отделяться от своего начала, забыл о том, кем был, и появились дальные мысли, прицел глаза, беспокойство, и люди стали для него все одинаковы, остались только свои сыновья и дочки — он о них еще думал и понимал, что своя кровь.

Он вознесся.

Он сидел и смотрел на превосходные свои печи, осматривал палаты, сколь тонка резьба, — и все было ему как чужое, холодное. Может — строить новый дворец или куда-нибудь ехать? Возьмет в руки табакерку, вознесет в нос табацкий понюх, — и раньше было так: пальцы эту табакерку понимали, что своя табакерка, что в ней край недаром обтерся, что это — время, и его вещь, и его добро. И нос прочищался, и появлялась ясная память. Что нужно сегодня сказать, и какое смешное происшествие было вчера: что дура повара в зад укусила, и что завтра не без дел, и что день кончен.

А теперь день не кончался. В просторных и дальных мыслях брал он в руки табакерку и заправлял табак в нос, а что держит в руках, забывал. Пальцы брали табак как с воздуха. И ему все равно было, потому что он разлюбил вещи. Стало много новых табакерок, пряденого золота, одна с жемчугом, другая с бриллиантом, и он их терял. И вещи стали плоше, много принцметальных в доме, дороги и новая мода, но желты, как медь.

И когда говорил с Варварою, стал косить, потому что не мог всего сказать, а раньше о главных делах она знала. Ее спальная комната была рядом.

Когда ночью просыпался, он сам дивился, что стал весь жильный, вытянутый, как струна.

И дела и убытки. Город Батурин, что когда-то штурмом брал и, конечно, разрушил, вечное владение, надо управить тысяча триста дворов, а всего под ним более ста тысячей и пятисот человеческих душ, кроме волостей Почепских и Польских. Да за убыток по Ингерманландии отдано сорок пять тысячей душ да деньгами невступно шестнадцать тысячей. И мало просил. Можно бы тридцать. И это убыток.

А что теперь его звание? Принц, или хоть герцог Ижорский, или князь Римский? С теми перышками струсовыми в гербе и с княжеской шапкой? А он хочет быть как принц Артоис королевский, во Франции. И притом против цесарского обычая и завсегда так бывает: чтоб зваться генералиссимусом, а коли не хотят, так: генерал-поручик России.

Днем он много дел делал и такие слова говорил, которые уже двадцать лет как позабыл. С Катериной.

Он понимал, как день за днем ее привораживать. Он сначала ей сказал, указуя на гроб:

— Мать! Осударыня!

А потом, в другой палате:

— А не поговоришь ли мало, мать, о делах? И ту "мать" уже не так сказал.

И потом, день за днем, опять приучился ее подталкивать, за руки брать, близиться.

А как убрали и зарыли, — он и привалился.

Он мог жестоко действовать в этих разговорах — и вот тогда, в то время как ничего не думал, но ее, Катерину, всю видел, — вот тогда начало в голове вертеться как бы колесо даже со свистом, и он не мог того колеса остановить:

— Хочу быть формальным регентом, чтоб мне, мне, именно мне — править.

И так подряд: мне, мне, именно мне.

А он совсем не хотел быть регентом, а хотел быть разве генералиссимусом. Но он вознесся, он действовал, и она была вся как есть видна — ив нем это завертелось.

И он все это забывал, он даже не мог остановиться и подумать, что для этого нужно делать, и не думал — а назавтра делал.

И безо всяких мыслей — опять когда был с Катериной и смотрел на нее вострым глазом, — а у нее глаза были закрытые, — опять явилось это самое колесо, и уже другое:

— Принцессу за сына, а тогда именно, именно, именно буду регентом.

А потом забывал и днем распоряжался. А вещей становилось все меньше или не меньше (вещей стало больше) — но все кругом оголело. Как на корабле, когда выходят уже в открытое море, — на нем вещи меняются. И посуда та же — порцелинная или глинная, — и скамья, а все чужое. И когда приедут, — те вещи опять переменятся. Они на время.

Другие вещи будут. И он стал понимать себя, какой он со стороны, — худой. И стал понимать, что его голос сухой и без внутренней мякоти, как бывало.

И раз, когда был вознесен, а она, Катерина, распахнута, он понял, что она устарела, и не подумал, а так, просто, будто сказал:

— Как избыть человека? Как ее, как ее избыть?

И он даже бормотнул это, потому что в ту минуту он был не без страсти к ней, к Марте. А избывать ее теперь и вовсе и никак не хотел.

И тут стала еще одна перемена: он стал осторожен к людям, и хоть был гневлив и памятозлобен, но после гнева, если тот кланялся низко и со смирением, он ему отдавал поклон. Он стал даже забывать обиды, потому что не брал людей в живой счет. И перестал насмехаться, а раньше ему люди казались весьма забавны. Такова ему пришлась власть.

Он вызвал из Сибири Шафирова, своего неприятеля. И он осматривал своих министров, господина Волкова и господина Вюста, и думал строго:

— Ох, воруют!

Он стал бояться больших дач, которые ему предлагали, потому что дачи теперь ему были все малы, а другие, верно, тоже берут, и не слишком ли много уходит денежного капитала? По его лейб—гвардии непорядки. Вюст не без подозрения — краснорож, всегда брал, взятчик. А теперь такие

155

конюшни себе построил, и тонкий дух от него пошел — маеран! Ох, берет! А сколько интереса? Вот что небезлюбопытно!

И решил, что после, когда уж станет формально, он Вюста прогонит. Даст ему диплом обнадеживательный, и пусть идет.

И он смотрел на дочек опытным глазом, на белость их кожи, на грудь, какова она будет, он заботливо на них смотрел и предназначал, выбирал.

Выбрал Марью. И иногда ею любовался. А жену перестал видеть, как будто она приблудная или прямо так, от стада отбилась да в дом забрела.

И перед тем как поехать в Сенат, — почувствовал беспокойство: нужно делать людям облегчение. Он позвал своего министра Волкова. После той ночи, когда трон менялся, Волков стал хиреть— пожелтел и дышал глубоко. И он был сердит на Волкова: были хлопоты, скакал там ночью, захворал, — пусть, — но так хиреть, как бы назло, и смотреть жалко в глаза — это скучно становится.

Дано ж ему, Волкову, денег и маетностей — все за ту ночь. Зачем же хворает?

Герцог Ижорский сказал министру:

— О полегчании по табацким делам указ заготовил ли? И о ноздрях?

Тут Волков сунул ему в руки два листа, и те листы герцог взял осторожно в обе руки и далеким взглядом поглядел в них.

Печатанные новою азбукою листы он понимал, как держать, потому что начинались они всегда с больших литеров. Бывали и другие приметы: внизу линии литерсетерсы, чтоб не ошибиться, ставили слово, которое потом шло первым на другую страницу, и по тому бесстрочному словечку тоже легко было заметить, где в странице голова, где ноги.

А тут дал рукописание, и до того ровное, без титлов и хвостиков, как горох с мякиной. И министр, господин Алексей Волков, жалостно смотрел: светлейший глаз постреливал осторожно по бумагам, с одного листа на другой, а руки держали те бумаги вниз головами.

— Пестрит, — сказал герцог, — ты мне скажи поскорее, меня в Сенат ждут.

Волков указал перстом на бумагу, с испода:

— Екстракт табацким делам и указам, прежде бывшим, в бывое царствование. И бывым делам по ноздревому вынятию.

Встал принц Александр и посмотрел в желтое лицо, скучное даже до зевоты.

— Ты мне мертвых листов не носи, — сказал он. — Полно тебе. Указ ноздревой чтоб сегодня был. Чтобы ноздри вынимать не до кости. И по табацким делам. Простой табак, и витой, и крошеной — пусть все без страха продают.

Читать с барабанным боем после обеда по всему городу и по Мьереке. И по слободам.

5

А город стоял, и вдруг снег стаял. И люди ходили по улицам, а улицы сильно потели, потому что были немощеные. Их еще ногами не так гладко притоптали, только тропки вдоль улиц были притоптаны, являлись в улочных концах и кочки. Вокруг Невской перспективной дороги болото сильно потело.

Утром был такой туман, как дым, как будто все сгорело; а пожаров не было.

Люди тогда много в Петерсбурке говорили об этом: отчего так земля потеет? И что легче с дровами, потому что стало теплеть. Стало больше людей в Татарском таборе, на вечернем толчке. Они шли на теплоту.

В гостином ряду была большая гостиная торговля, денная, а в Татарском таборе, на горелом месте — и вечерняя. Тут происходило толкучее волнение. И торговля любила место. У самого кронверка двадцать лет назад построили лавки, и там торговля была скучная, лавки новые; висит узда, новая, или торговое платье — строгий товар. Мало крику, и не заводилась грязь. Тогда ряды сгорели. И как они сгорели, это дело зашевелилось, оно пошло. Явились шалаши горелые, из горелых досок, пришли татары — ветошные люди, армянин с армянского торгу, захудалый, и доставил в закоулке лавку полпьяный мастеровой человек, чтобы зубы выламывать. Он был шведский или немецкий человек, и все его уже знали в Петерсбурке. И вокруг был крик и тишина, и потом: "ох!" — и зуб выломан. Он продавал и апо-течные товары, тут же на земле расставил фляжки. Ходил и па дом, если кто попросит, — руду метать или спускать волоски, потому что был еще и рудомет. Он был цырульник. И там было много народу. Сделались щели торговые и закоулки, разные купецкие дыры и ямины. Развалы стали. Явился крик, клятва и ротьба. Воровство завязалось.

Уже васильковый кафтан за кем-то гнался и снимал фузею, а ему кричали: струна барабанная! Воздух стал густой, человеческий.

И началась грязь, дело стало обрастать. Под ногами, и по прилавкам, и на руках. Грязь была разная: калмыцкая, сухая заваль — от конских приборов, и татарский лоск от ветоши, а потом жирная и мясная грязь, тут же и потрохи и мертвечинка. И это было указом генерального полицмейстера вовсе запрещено.

Нельзя продавать битое мясо необряженное, мертвечину должно убирать, а торговцам битым ходить всем в белых мундирах— для великой чистоты. И за мертвечину три рубля штрафных, а за остальное тоже штрафы, и кошками бить, и на каторгу. Но не исполняли. И тут же, за площадкой, был еще ряд, его звали: душной ряд. От него дух шел. Весы тут были неорленые, посуда немеряная, и живой товар — весь мертвый. И тут из рук в руки тащили друг у друга убоину и кричали:

— Гей!

— Товара не ломай!

Тут у бадьи стоял купец и продавал всем квас, пустой товар. Пирожники кричали, а пироги были обмотаны тряпьем, как грудные дети. Тряпье было ношеное, и в нем была теплота, она тоже стоила денежку: холодные пироги были дешевле. А рядом — финский мужик из деревни, что за островом, и у него в кадушках сало, богатый мужик. И кто хотел купить, тот пальцем это сало умазывал и клал палец в рот. И тогда на него смотрели. Он пробовал товар. И глаза у него тогда раскрывались беспокойно, как будто человек в первый раз увидел такое небо, и такой город, и толкучие ряды, тот Татарский табор. И еще раз, и глубже совал палец в бадью, и опять клал его в рот. И все глядели, как покупающий человек смотрит товар. И медленно двигал он языком, и что-то там делалось у него во рту, и он останавливался. Он тряс головой:

— Негоже!

И его нет. Он толчется, он сбрую приторговывает. И вдруг продает старые порты.

И люди были разные. Торговые и мелочные люди. Они не любили василькового цвета, не любили площади, и меры не любили, а любили щель, были защельные; они были толкучие люди. И были такие торговые люди, что торговали ветром. Они устали из портов, из карманов удить, они с голов шапки тащили.

Тогда человек, который толокся, — вдруг понимал, что его голове холодно, что у него волос от ветра шевелится, и хватался обеими руками за шапку.

И нет шапки.

Тогда он кричал:

— Воры!

И все начинали кричать:

158

— Воры!

И медленно являлся тогда васильковый кафтан, зеленый камзол. Картуз был на нем васильковый, и епанечка васильковая, а шпага с медным ефесом. Он являлся ловить воров. И тут же ловил вора, если он попадался, и тогда все глядели, что будет, — и если приходили на помощь другие васильковые кафтаны, вора тут же и клали, носом вниз, руки ему заворачивали и били его морскими кошками по спине.

Но сами они были нескоры, штаны васильковые, васильковые картузы, они тех воров догнать не торопились, чтобы скоро идти на помощь, на секурс, у них не было такого духу. Как Агролим говорит в комедиальном акте: "Не мешкаю, шествую, предъявлю, конечно", а сам стоит на месте.

А теперь грязь теплая, и мяса в мясном и мездреном ряду стали темнеть, томиться — наступила весна. Мастеровые люди посматривали, и потому что было тепло, они высматривали вещи не самые нужные, а вещи тонкие и которые давно уже собирались купить, а потом все забывали; торговались долго, а покупали внезапно, и потом жалели, что купили. Они ходили больше по железным, игольным, юхвенным делам.

А нетчиков было мало в новом городе, они туда не шли, им мешало, что в Петерсбурке земля потеет и пускает туманы. Большие нетчики сидели в Москве.

Но как стал легкий дух, ходили малыми стайками и здесь, по Татарскому табору, малые нетчики. Кто при дяде или тете состоял, или приезжал временно из вотчины, или здесь в Петерсбурке таился. Зимой сидели крепко, а к весне вышли. Они пересыпали с утра, потом вставали, пересемывали, и время их щемило, что много времени: час, другой — и никого, и ничего, и далеко еще до едова. От этого у них была меланхолия. Тогда они враз бросались на Татарский табор смотреть разные вещи и прицениваться или ломать себе зуб у мастерового зубных дел, если зуб болел. Подышать тем весенним духом в душном ряду или в вандышевом, поплескаться у манатейных дел, у шапошных или золотых.

Слепые старцы проходили. Им давали по луковке. Нищета слезилась и пела вдоль по стенкам. И легкой поступочкой тут прошел Иванко Жузла, или Иван Жмакин, он никого не задел, не толкнул, ничего не сказал. Он только глядел на всех, и его взгляд был не верхний и не нижний — он был средний — на руки и на то, что в руках. И только потом смотрел в лицо. Так он увидел руки в полумундирных рукавах: дерюга, а поверх дерюги форменные красные обшлага, и усмехнулся. А в руках

159

был вощаной круг — и Иванко сделал тут шаг и в сторону кивморг, одному своему человечку.

Потом он приценился к воску, помял, колупнул — круг был крепкий, не поддался — и посмотрел в лицо отбылому солдату Балка полка. Спросил про то, про се, потом отвел в сторону. Он назвал солдата гранодиром, и солдат Балка полка выпятил грудь вперед. Потом он свел солдата в фортину, запить продажу, и прошел у самого носу, мимо каптенармуса генерал-полицмейстерской команды, василькового картуза, и даже ему мигнул.

Там солдат Балка полка долго с ним глотал, и восторгнулся, и стал рассказывать про музыку и про шквадронцы, как он в кавалериях воевал, как он не пошел в бомбардирскую науку и почему, а теперь сторожит, а с ним еще трое и пес шведской, и он никого не боится, что хоть бы завтра он один сторожит, а те трое пойдут гулять со двора, что он солдат Балка полка, вот он кто.

— Пес шведской? — спросил Иванко, — вот меня в смех взяло. А скажи, гранодир, как того пса шведского звать? Хозяин собачий, швед, под Полтавой он, видно, швед, пропал?

— Звать пса Хунцват, а где Полтава, того не знаю, — сказал солдат Балка полка, — не слыхал.

Но тут Иванко скучно взглянул на солдата, отдал ему в руки его вощаной круг и сказал, что на фурмы воск этот не идет и для того он купить его не хочет, и поплыл с ножки на ножку.

6

Когда случился тот неслыханный скандал, тот крик, и брань, и бушевание, те язвительные и зазорные взаимные обзывы: хунцват, вор, шумница и другие, и явилась драка, ручная и ножная, между первыми людьми государства, с подножками, а потом с обнажением шпаг, и конец драки: разъем от господ Сената, — в то время была теплая погода.

И когда он ехал домой, он вначале не мог отдышаться, в ушах был звон, дыхание в ноздрях, а не в груди, и губная дрожь. И он велел себя возить.

Тогда мало—помалу он почувствовал облегчение и заметил, что по Неве идет сквозной дым, как нагар на сливе, воздух потонел, потом сказал свернуть к Летнему огороду. Проехал вдоль по Невскому перспективному болоту — там несоженые березы уже пустили клей. Понял, что они через месяц станут раскидываться. От этого голова остыла, и когда приехал домой, не стал метать руду, не позвал господина Густафсона дуть в пикульку, но заснул внезапно и не успел заметить, что устал и правая рука болит.

Назавтра поехал кататься, еще не заходя ни к кому, — и повстречал Апраксина, хотел его поздравствовать, а тот свой нос отвернул. Апраксин был обжора, он был вор, но от этого отворота, от этого Апраксина носа он потемнел и ни к кому не заехал.

И все его оставили.

В ту же ночь он начал шумствовать, с раздираньем платьев и с созывом всего дома, с пикулькиными собачьими свистами, с большими пениями, с пальбою по тапетам и в потолок, в самый плафон, где была нарисована актерка в своем виде. Актеркин живот прострелен и все другое.

И назавтра вышла из ягужинского дома, из той ягужинской люстры, команда не команда, свита не свита — вышли люди с ружьями, со свистами, с пением, человек даже до двадцати.

И впереди всех шел Павел Иванович, господин Ягужинский, при звезде, при ленте и со шпагою. Он качался на ногах.

С великим ужасом бежали от них прочь прохожие люди, и сворачивали лошадей люди проезжие, и от них бежали десятские, и рогаточные караульщики, а полицмейстерской команды сержанты и каптенармусы смотрели разиня рот, руки по швам.

В той свите господина Ягужинского был шумный шведский господин Густафсон, и он дул с аффектом, во всю силу — в пикульку.

А другие, пройдя по Невской перспективной дороге, стреляли в птиц, потому что уже прилетели болотные утки, и это было запрещено указом. И набито много дикой птицы, а две пули попали в мазанку. И тут же господа из свиты пускали струи на землю и кричали разные слова.

И эта свита с господином прошла по улицам, как наводнение или же ураган, называемый смерчем.

Явилось по пути нестройное пение. Люди эти пели все вместе, хором; и только с трудом можно было расслышать слова:

Любовь, любовь приносили,
Жар и фимиан!

А потом один хриплым голосом возносил:

Престань ты прельщати
И вовсе блазнити;
Ты бо мя Ничем утешаешь!

И потом, хором, ревом:

Любовь, любовь приносили,
Жар и фимиан!

И хотя песня была любовная, но при пикулькиных отчаянных свистах и беспрестанных ревах и вздохах это пение было грозное для слуха.

И никто не успел опомниться, как прокатилась вся свита, или, иначе, команда или компания, до реки и перебралась за реку, и ее донесло до самых Кикиных палат.

А впереди всех шел скоро, и ветер его подталкивал сзади, при звезде, кавалерии и шпаге, и в руке на отвесе тяжелая тросточка или же дубинка, — сам господин генеральный прокурор, и у него было тяжелое лицо.

И так не успели ничего понять ни сторож, старый солдат, ни другой — и в анатомию, в куншткамору ввалилась вся компания, вся команда. Но, ввалившись, ослабела. Потому что спокойно глядели на них утоплые младенцы и лягвы и улыбался мальчик, у которого было видно устройство мозга и черепа.

Это была наука. И они отстали в передней комнате, и там же стояли сторожа и глядели и тряслись, чтоб не было покражи натуралий или ломки и порчи, чтоб никто не унес в кармане склянки или какой-нибудь птицы. И тут же стояли двупалые и смотрели на шумных людей человеческими глазами. Но они были дураки, и тоже тихие. Балтазар Шталь выступил вперед и сказал голосом ослабевшим и хрипким:

— Я как апотекарь...

Но, не глядя на него, господин генеральный прокурор прошел далее. И с ним только двое двинулись из его свиты, шведский господин Густафсон и еще один. И за ними пошел шестипалый Яков. Он шел за господином Ягужинским, вытянув голову, как идет охотничья собака, нюхнувшая дикую птицу, покорно и затаясь в себе. Потому что живая птица влетела в куншткамору, дикая, площадная, толстая, в голубом шелку, и со звездою, и при шпаге, и это был человек, и он не шел, он летел. В палате, где стояли разные сибирские боги, с обманными дудками, — застрял еще один человек. И в портретную палату влетела та толстая птица со слепыми

162

мутными голубыми глазами и вошли два человека: шведский господин Густафсон и Яков, шестипалый, урод.

И, влетев в портретную, Ягужинский остановился, шатнулся и вдруг пожелтел. И, сняв шляпу, он стал подходить.

Тогда зашипело и заурчало, как в часах перед боем, и, сотрясшись, воск встал, мало склонив голову, и сделал ему благоволение рукой, как будто сказал:

— Здравствуй.

Этого генеральный прокурор не ожидал. И, отступя, он растерялся, поклонился нетвердо и зашел влево. И воск повернулся тогда на длинных и слабых ногах, которые сидели столько времени и отерпли, — голова откинулась, а рука протянулась и указала на дверь:

— Вон.

Гнев он понял — он был его денщик и умел утишать гнев — это он первый узнал, что его гнев проходит от прекрасного женского лица, но тут не было женщин, а был олень и другие скучни. И, сделав движение, которое тот любил — руку к груди, — он стал его уговаривать: что больше не к кому идти ему, Павлу Ягужинскому, Пашке, и что он для того пришел к персоне, хоть тихо и мало поговорить или хоть поглядеть, и чтобы он его не гнал, что он сейчас в шумстве, уже два дни и не по своей вине, — и так он мелким шагом дополз до середины, и тогда воск склонил голову, а рука упала.

И Павел Ягужинский стал говорить, и он стал жаловаться, а шведский господин Густафсон стоял важный и пьяный и не понимал, а урод слушал и все понимал. А тот все толще говорил и под конец уже кричал, а воск стоял, склонив голову.

— Истинно не я, а именно он! Первый заводчик всем блядовствам, и его мастерство в том, чтобы всех до последнего обмануть и заграбить, Корону роняет, ей руки выцелует: — осударыня! — а сам и женит и разводит, на королевства сажает, а у других отнимает и Короне приказывает! И уже все вдвоем, и день и ночь! Боярскую толщу вызвал, вор! Листы твои мертвыми зовет! Сказал мне арест, шпагу вынув. Чего отроду над собою не видал!

И он заплакал, из голубых глаз поползли слезы, как смола, и, утерши нос и над собою рыдая, весь покривясь от жалости к себе, он крикнул во всю ягужинскую глотку:

— А кто адского сына натуральный отец? — Конюх!

И воск, склонив голову в жестких Петровых волосах, слушал Ягужинского. И Ягужинский отступил. Тогда воск упал на кресла со стуком, голова откинулась и руки повисли.

163

Подошел Яков, шестипалый, и сложил эти слабые руки на локотники.

И тогда, сделав усилие, с дикостью посмотрел вокруг пьяный и грузный человек, который сюда птицею влетел, — и увидел шведского господина Густафсона и пришел в удивление. Обернулся вбок и увидел собачку Эоис.

И все еще не соображая происшествия, он протянул руку, встал и погладил собаку. И так ушел, ослабев.

7

Прошел верховой слух.

Из средних людей мало кто понял: были заняты своим делом, и до них еще не дошло. Низового слуха вовсе не было или был, но малый. При кавалерии и ленте, шумный — это все видано не раз и слыхано. Шведский господин Густафсон не понимал по-русски, да и не весьма был затронут всем, потому что ко всему привык, и его занятие было — музыкальная игра. За игру он получал в ягужинском доме сервиз — уксус, дрова, свечи и постель. Сторожа в куншткаморе смотрели за вещами, как бы кто не уронил какого младенца или обезьяны в склянке, и для них это было верховое шумство, по весеннему делу.

Они в портретную не входили. И оставался Яков, шестипалый. В нем теперь сидел низовой слух, как запечатанное вино. Он видел и слышал, он сложил те руки на локотниках.

Когда князь римский, после обнажения шпаги, — приехал домой, румяный от озлобления крови, — он не знал: как ему быть. Был бы жив сам, он тотчас бы к нему поехал, упал бы на колени и пустил бы взгляд, тот вялый и косой, против которого тот не мог стоять даже до конца. И положил бы его, Пашку, на плаху, а потом, может быть, и простил бы. А теперь? Теперь полная свобода класть его со всеми потрохами на плаху, и дом бы его прибрать, кабацкого шумилки. Но слишком свободно, и что-то не хочется. Когда слишком просторно, это неверное дело. Он еще с баталий это знал. Не к Марте же ехать, не к Катерине. И он поехал домой.

Он был зябкий, кровь его становилась скучная, он уклонялся в старость и все не снимал зимней шубы и прятал в ворот нос.

А потом, когда министр господин Волков доложил о куншткаморе, он поехал в куншткамору.

В загривчатых своих лисах, ворот пластинчатый, соболий,

164

упрятав нос, поскакал он туда. И когда выглянул этот нос, вострый, как тесак, из лис, — стало тихо так, что показалось: только олень еще мало дышит да, может, обезьяна в банке, а люди давно перестали.

И тут выступил господин Балтазар Шталь, гезель, и сказал без голосу:

— Алтесса, я как апотекарь...

Но не смотрел на него и ничего не сказал немцу.

И, обратив свой нос к двупалым, увидел, что дураки.

Стал средним голосом спрашивать сторожей. А сторожа отвечали и слышали, как стучит сердце у оленя.

Тогда, послушав сторожей, он высунул длинную руку, взял легко и привычно за шиворот Якова, шестипалого, и Яков почувствовал, что идет легко, как по воздуху, а идет туда, куда указуют.

И ввел во вторую палату. И там ослабил руку, державшую за шивороток, и шестипалый остановился, как маятник, и понял, что спущен с виски.

И, не глядя, средним голосом спросила его толстая шуба. Тогда Яков в одно мгновенье стал хитрый и решил, что будет говорить совсем не то, что слышал, а что скажет, что ничего не слышал, — и сразу решил говорить мало и выдумывать, и в то же мгновенье лисья шуба посмотрела на него человеческими глазами, а глаза были скучные, как уголье, когда оно гаснет. И шестипалый услышал, что он рассказывает все, что слышал и видел, и удивился, что помнит даже такое, о чем не думал.

Тогда лисья шуба подобралась, и скучные глаза еще раз посмотрели на голову Якова, на его глаза, на шестипалые руки, на младенца косоглазого, что стоял тут же в банке, — и быстро двинулась, прошумела — в портретную. А дверь закрылась за шубой.

И тогда Яков, стоя на месте, где стоял, присупул быстро голову к двери и поглядел в замочную скважину. Шуба стояла как черное поле, и потом поле качнулось и медленно пошло: на воск, на подобие.

И тогда шестипалый увидел колебание, что встает воск, и увидел сбоку перст, который указывал: вон. Яков успел отшатнуться: прямо на него, в дверь, выбежал человек в кармазинном, как огненном, кафтане. И он был худой.

А толстая лисья шуба волочилась за ним, как живой зверь. Он наткнулся на Якова, на шестипалого.

Тут взглянули два человека в глаза друг другу.

Лисья шуба прошла, соболий ворот встал, и нос спрятался.

Он задел по дороге китайского бога или же сибирского

болвана, и тот покатился, сторожа бросились поднимать. Не обернулся.

А потом — цугами, цугами проехал он куда-то. И все складывали шапки и останавливались.

8

Какая ночь была потом! Серая.

Погода вдруг изменилась— встал ветер, и все наоборот. То шло к весне, мелкая погода, а теперь приходилось ждать либо холода, либо большой воды. И на небе не было обыкновенных звезд или луны, а была одна белая дорога, которая кишит малыми звездами. На небе молочная дорога, а земля черная, ветер и лед; было хуже видно, чем во тьме. Эта ночь была скучная в Петербурке. Это кораблям на адмиралтейском дворе было тяжко; они качались на цепях и урчали.

В ягужинском доме теперь было тихо, потому что дом притаился и все полегли спать; либо полуспали, либо уж спали до дна, до черноты. Ягужинский дом был теперь как остров в басне, который назывался: гора любезных, до которой не доходят ведомости, и она окружена тихой водой. Потому что неизвестно, что теперь будет и куда ушлют. А что ушлют, все думали так.

Пропал, пролетел, ветреница!

А ветреница — сидел теперь тих, похмелье с него спало, и пристало мнение. Он все не мог вспомнить, что он такое позабыл. Фонарь за окном качался, как утоплый. Потом он читал свой гороскоп, который ему в Вене за немалые деньги составил астролог по лобовым линиям. И находил неверное утешение.

По гороскопу, по латитудинам планет, он был горяч и мокротен, и любовь была ему от народа простого, а не от больших и властных персон. Март знаменовал трудность в его делах, ради ненавистных гонений от политичных и придворных врагов на его интересы, прибыли и характер. Март как раз и был теперь, он самый; а на Васильевском острове — враги, и придворные и политичные — все верно. И, однако, Аригон—звездарь тут же подтверждал, что вышеупомянутые враги не могут учинить никакого действа, и он останется сверху, вышний над ними, и победит все противности.

И вспомнил он опять безо всякой данной ему гороскопом причины венскую шляхтянку, от которой был счастлив, потому

166

что не только был ее любитель, но и любим ею. Была гладкая, чернобровая, неверные глаза и губы надуты. И та гладкая, та чванная шляхтянка — она в Вене, а он в Санктпетербурке, и их обоих, как веревочкой, тянет друг к другу, по всей географии — и это есть государственный союз с Веною, всем нужный и полезный. Он без нее жить не может. И того не понимают. Да что уж! Полно. И тому не быть.

А в этом году, говорил звездарь, Сатурн обретается при конце Меркурия. Смертная ненависть министра и его лукавство. Немилость вышних. Замешание. И победа. И жизнь будет расширяться, в добром счастье, до пятидесяти лет и более.

И все то — обман, и даром плачены деньги.

А венская шляхтянка далеко, и что она теперь делает? Она в приятных беседах или лежит больная. А вот что с ним завтра будет — этого гороскоп не знает. Он подошел к окну, увидел: олово, ветки, грязь, дымный воздух, и как будто кто там копошится внизу.

И ему показалось: опять его первая жена, изумленная, дура, — она опять вырвалась, убежала из монастыря и, задрав подол, бегает вокруг дома и срамит его.

Тогда еще раз всмотрелся и увидел: ветки, грязь, тряпье старое, грязная Флёра, несущая в мисе нечто. Махнул рукою и отошел от окна.

На Выборгских восковых тоже была ночь, ночь фабрическая.

Анбар стоял замкнут, все мазанки тоже, и мазанка, где казна, и сарай с печью. На дворе две телеги порожние. Солдат Балка полка бродил за сараем — и вот он услышал тонкие голоса и тогда позвал шведскую собачку:

— Хунцват.

Но собака не лаяла, солдат Балка полка сел на лавку и закрыл глаза, подремал. Потом опять позвал собаку, и та не явилась. Он пошел к мазанке, где была казна, — и услышал нечто: возня, железный скрып. А когда окликнул, никто не отозвался. И вдруг легкий бег, и Кто-то огрел его по голове и сказал:

— Эй, гранодир! — и тогда он посклизнулся. Проснулся, увидел: олово, ветки, ночь фабрическая, и дверь в мазанке открыта. Тогда ударил в трещотки и понял, что грабеж.

А на Васильевском острове был Меньшиков дом и Меньшикова ночь. В большой теплоте сидел он там и грел свои ноги в чулках—валенках у камеля, который был кафельный, синий, строен в одно время с Петровым. Он смотрел в уголье, оно томилось, и на свой штучный пол, по которому уголье играло, как котята. Он курил длинную свою трубочку и пускал клочьями дым. Он думал, что устал за этот год, но не уклонился в старость, а это в ногах опять явилась старая болезнь, скоробудика, которую лечил дважды доктор Быдло, да не вылечил. И что летом поедет в Ранбов отдыхать и дом управить. Будет редить большой огород, сделает какой-нибудь грот с брызганием и водотечением, или в саду наставит чуланов мраморных со статуями и горшками, на крыльце уставит новую игру, такую, чтоб шарики в окошечки молотами гонять, — малибанк, — голубятню художник искусства распишет. А игра эта весьма забавна и задирчива и вводит в газард.

Он отдохнет. Пусть будет в Ранбове роскошество, и возьмет себе потешную охрану из мальчишков, — как у Салтана, послы говорили. Он усмехнулся и пыхнул трубкою. И цветы сажать. Он любил цветы. Он их в руке разминал и нюхал. И ему ничего не нужно. Только избыть великие убытки и несносные обиды, которые должен до времени сносить. И от кого! От ротозея, площадного человека! Он будет отдыхать в Ранбове, а саму зазвать, и она пущай играет в ту игру, в малибанк. И сватать Марью за царенка. Только тогда он на ноги встанет. Тогда он и Пашке споет: "Ай, сват—люли!" Полно ему, Пашке, врать про него: рыба—лещ, минуща вещь. Попоет он, Пашка, про леща. На помосте! А теперь разве его к самоедам послать в Сибирь. Пущай только сама в Ранбов едет. Пьет она вино до дрожания и до валяния и много шалит и дурует, а здоровье все большое, не избыть того здоровья! А у него здоровье хужеет. Эх ты, Быдло, Быдло!

Тут послал кликнуть Волкова и так ему сказал:

— О куншткаморном деле урода, шестипалого. Держать того урода в анатомии негоже. Он востер и будет сягужинского лая говорить. Брать его в приказ сумневаюсь, для того что натуралия, и о нем все иностранные государства известны. Переменных речей от него не чаю. И класть того шестипалого в склянку с двойным вином; класть его в спирты; а для того что такой скляницы большой на стекольных нету, — положить в две скляницы руки его и ноги. В двойное вино. Или в спирты, как найдется. Но чтоб тихо. И завтра поедешь и поднесешь ему от меня вина. И для того тихого вина бери ты апотечную коробочку.

И улыбнулся:

— Для сласти.

ГЛАВА ШЕСТАЯ

Я хочу елей во огнь возлияти
И охотное остроумие твое еще более возбуждати.

Пастор Глюк

1

Эта ночь кончилась, на небе явилась краска, румянец, еще никто не вставал, и мазанки, и магазейны, и фабрические дворы, и дворцы, и каналы были как неживые.

Тогда дрогнули в мазанках и во дворцах полы от гуда, и затряслись мелким дребезгом стекла.

И это был первый залф, как будто воркнула собака такого размера, как река Нева, но еще не лает. Кто спал, — те во сне пошевелились, и первый залф не всех разбудил.

А по реке, по болотам и по рощам — пыхнул второй залф. И уж это был лай.

Тогда все проснулись.

Полуодетые, еще в исподницах, выбегали девки на дворы и смотрели дальным взглядом: что?

Большие люди хлопали в ладоши, и дворня щетинилась в нижних жильях: кто?

Тогда был еще залф, протяжный.

И тогда город поднялся на ноги.

Подскочил герцог Ижорский к окну, стал смотреть строгим взглядом, и когда от пятого залфа затряслась земля, он уже переменил три решения. Первое решение было сонное: что шведы. Но отменено, потому что где там шведам тсперь нападать, когда Каролус в могиле, а со Швецией трактамен. И это решение сонное.

Второе решение было: Пашка, Ягужинский. Он колобродит, он из пушек палит. Еще скорее отменено. Первое, что пушек достать не может, а другое, что не пойдет.

Третье решение было: большая вода. Море пошло на город и конечно затопит и со всем добром.

Но тут проскакали мимо окна телеги, а на них солдаты его лейб—гвардии полка. И лошади были как полоумные, чуть не на карачках ползли, солдаты били их в три кнута, а с телег во все стороны торчали холсты, в холсты по углам бил ветер, и эти холсты были паруса.

Тогда он открыл окно и опытной рукой остановил, крикнул:

— Куда?

Но те остановиться не могли, потому что лошади летели прямо, свои окорока по земле расстилали, и сделалось сильное воздушное стремление.

Корабли тоже сразу не остановишь. С телег дан мимолетом ответ:

— На Выборгские...

И понял, что великий пожар. Посмотрел на небо — небо было красное.

И зашевелилось и побежало. Лопались ворота в полковых дворах, и вылетали солдаты и волокли, как змиев, великие заливательные трубы. И набатчик тащил свой набат. Вытащил и ударил в набат. Крюки с цепями несли, и от того стоял звон цепной, застеночный, и те крюки — на телеги.

И дьячок, что сидел крепко в своей мазанке три года, и дал обет не стричься, и все только урчал низким голосом, — он выскочил теперь, и под дерюгой у него был белый голубь. Потому что настало время сделать чудо — бросить того голубя в огонь, — и огонь ляжет. Он того голубя уже два года припасал. И он шел, гордый, на голове колтун, без шапки, и голубь когтил ему грудь.

Великие войлочные щиты и большие паруса поднял Литейный двор, где бомбенные припасы. И если взлетят на воздух, — придет старое царство, потому что новое, новый город, и все коллегии, и бани, и монументы, конечно, взлетят.

И проявился Иванко Жмакин. Он бежал в легкую припрыжечку, на огонь. Он эту ночь всю как есть не ложился. И теперь бежал на огонь. И огневщики бежали — тащить, что придется, — одежу, золото или, может, попадутся честные камни или холсты.

И верхом на коне выехал Ягужинский, генеральный прокурор, и толстым голосом кричал: — Гей! Куда?

И было неизвестно, где огонь. Если огонь на Васильевском острове, нужно тащить непременно и без отлагания — и время как смерть— трубы заливательные в пруды, потому что на Васильевском острове собственно для заливания и утушения накопаны пруды.

А если на Адмиралтейском острове, то, покрыв щитами корабельный двор и огородив парусами ветер, — крючьями растаскивать все горящее, что бы ни горело, потому что государственный флот в опасности.

Но огня там не было. И, стало быть, — где был огонь? И

170

огонь был в Литейной части. А артиллерия главный апартамент государства, и лопнет артиллерия — гибель городу, и конечная гибель.

Тогда все телеги поскакали в Литейную часть.

И огонь уже подбирается к Литейному двору, и уже мазанки выгорели. Уж к бомбенному сараю огонь идет.

Так кричали друг другу. И храбрые скакали вперед, а трусы ударялись назад. И было много и тех и других.

Появились на улицах кареты, но без гербов и литеров: убегали из города иностранные господа, потому что думали, что пришли калмыки, калмыцкий хан взял город. Они тихо ехали, спрятав носы в шубы российских медведей, и смотрели кругом с иностранной гордостью и боязнью. Деньги у них были в шкатулках.

И нетчики, мелкие, бежали за город в колымагах, те бежали безо всего, спасая единственно свою жизнь.

Господин граф Растреллий проснулся после того, как девять раз обернул свой стакан, и под конец его разбил — схватил свою последнюю работу и выбежал на улицу без шляпы. А работа его была не баталии и не медный какой-нибудь благородный портрет, а просто он отлил из бронзы малого арапчонка. Арапчонок пузастый, со смехом на щеках, а пуп большой. Отлил он его для пробы, чтобы испробовать бронзу, а вчера сказал Ле—жандру перетащить из формовального анбара и, осмотрев, решил: прилепит к бронзовому же портрету какой-нибудь благородной женской особы, у ног, потому что женские особы любят здесь арапчат, а малая фигурка даст знак, что под платьем голое, и еще даст смех.

И теперь утром он сунул ее под мышку и выскочил.

А малый восковой всадник, модель, сделанная для отлития из бронзы и бессмертной славы, остался дома и мог во время такого пожара быть украден, или растоптан, или дажс мог растаять.

Кругом был истинный ад, но не тот, уже надтреснувший, с людьми, которые были обвязаны змеями, какой нарисовал в капелле Михаил Анжело, а другой, чужой, русский ад, составленный из конских морд, детей, солдат и морских парусов на суше.

В Литейной части остановились телеги. Подняли ветхие заплатанные паруса перед Литейным двором, для того чтобы огородить ветер, и они надулись. Как будто другой флот собрался убегать от новых шведов. Телеги сгрудились и далее не могли идти, но скрыпели от напруги. А жеребцы заголосили, кобылы стали лягаться.

Растреллий прокаркал нечто, но на него никто не обратил внимания... И тут его Кто-то сзади сильно обхватил, и это был трепещущий господин Лежандр, подмастерье. Господин подмастерье был потерянный человек, он плакал, требовал проходу и кричал, что они иностранные художники искусства, но на него никто не смотрел. А куда идти — сам Лежандр не знал нипочем.

Господин граф Растреллий несколько потемнел. Он был пришлец, перегрин, первой родины не помнил, во второе отечество возвращаться не желал.

Приходили странные времена к варварам, и неизвестно, что за паруса и для чего они нужны именно на суше. Может быть, это такой бунт?

Тут конь наехал на него. И мастер вдруг окрысился и двинул сильно кулаком в ту морду. И конь забился, стал косить, в морде явились боязнь и понимание, сильно обозначились жилы, грива запуталась, это был битюжок полковой — и вот тогда мастер увидел, что такие жилы и такие ноздри он сделает на памятнике, где будет представлен всадник.

— Что вы кричите? — сказал он вдруг Лежандру. — Что вы плачете? Вы болван. Это просто военные репетиции. Вы видите паруса? Это военные и морские репетиции.

И он вернулся в свой дом, и с арапчонком.

В куншткаморе было разорение. Балтазар Шталь, гезель, схватился за голову обеими руками и стоял в палате, как китайский идол. Двупалый тащил оленя на двор. Сторожа, вытащив щиты, помавали. И другой двупалый, зароптав и пророкотав невнятное слово, снял с полки скляницу с младенцем и бросил в окно. Младенец летел на улицу. И наконец, услыхав, что Литейный двор горит, бросились все, ища спасения, вон.

Яков только успел обуться и завязать пояс, денежный, и тоже выскочил.

Он пробрался вслед за сторожами, потом отстал. Осмотрелся — кругом солдаты, кони, вилы и крючья. И Яков быстро ухватил с телеги чьи-то голицы и напялил на руки, а солдаты стояли на телеге, задом к нему, и кричали:

— Тащи!

Это они кричали про трубы заливательные.

Теперь он был в голицах, и теперь он был не шестипалый, а был как пятипалый, то есть как все люди. И он засмеялся и стал тащить какую-то трубу.

А огня не было видно нигде, дома стояли. И вдруг в него, в Якова, попала вода, и жеребцу рядом залепило всю морду водой, он скалил зубы и кричал, будто хотел свою голову отвертеть и бросить.

Все побежали.

И когда Яков много отбежал, он увидел, что паруса опущены, и услышал, как поют телеги: пел деготь от тихого хода. И телеги уплыли.

Он посмотрел на ноги — обуты. На руки — в голицах. И пояс при нем.

Тогда он зашагал к харчевне, потому что был голоден, и спросил у маркитанта саек и калачей, потом купил печенки гусачьей, рыбьей головизны, теши виноградной — и стал есть, Он медленно ел и жамкал, и так он ел час и два часа. И потом съел еще сычуг телячий, а больше не мог. И когда ел, не снимал голиц, и голицы стали как натертые ворванью. Вытер руки о порты и понял, что брюхо полно едой, а руки свободные. Потом ушел.

Набаты замолчали, и только малые барабаны сыпали военный горох. А в городе смеялась одна женщина, до упаду и до задиранья ног. И переставала, а потом опять будто кто хватал ее за бока, и она опять падала без голосу. И та женщина была сама Екатерина Алексеевна, ее самодержавие.

Потому что сегодня было первое апреля, и это она подшутила, чтоб все ехали и бежали кто куда и не знали, куда им идти и ехать и для чего.

Это она всех обманула, как был обычай во всех иностранных государствах, у знатных особ, первого апреля подшучивать.

Уже два месяца прошло с тех пор, как хозяин умер, да и зарыли уже его с две недели. И траур был снят.

И ее смех был так захватчив, что ее водой отпаивали и давали ей нюхать уксус четырех разбойников. А кругом все фрейлины лежали вповалку, изображая, до чего прилипчив ее смех. И все были неодетые, а и почти голые, груди наружу, потому что лень было с утра одеваться, а до вечера далеко. Многие даже тихо дрыгали ногами, а одна все морщила брови, и ее лицо становилось все в морщинах, как будто ей больно, — до того ее смех забрал. И смеха такого большого у этой фрейлины не было, потому что она сама вначале испугалась. Она и не смеялась, а только говорила:

— Ох, я надселася.

2

А Яков ходил по Петербурку, и от каналов у него голова кружилась: он никогда не видел таких ровных и длинных канав.

На свинцовые штуки по Неве не посмотрел, уже довольно насмотрелся в куншткаморе. Ходил из повоста в повост — и Адмиралтейский остров, и Васильевский, и Выборгскую — он все их считал за повосты, за деревни, — а между повостами были реки, рощи, болота.

У Мьи—реки пробился к мясному ряду, увяз и испугался, не того, что увязнет, а что подошва отстанет, и тогда увидят, что шестипалый.

Он долго ходил. Деньги были при нем. В манатейном ряду на Васильевском острове он купил себе всю новую одежду, чистую. Цырульник—немец чисто его выбрил. И Яков стал похож на немца, на немецкого мастерового человека средней руки. В иршаных рукавицах, бритый — видно, что из немцев. И сперва он ходил окраинами, а теперь стал гулять всюду. И одни дома были крыты лещадью, другие гонтом. На окраине, на большой Невской перспективной дороге — там и дерном и берестой. Скота было мало. Только у большого Летнего острова, на лугу паслись коровы молочные, да за манатейным рядом у Мьн—реки плакали бараны. Ни бортьев, ни пасек, и негде им быть.

Он еще не знал, куда себя поместить и чем жить будет. И так он пошел на главный, Петербуркский остров, увидел церковь Петра и Павла и крепость.

На церкви кроме креста еще были три спицы, а на спицах мотались полотна, узкие, крашеные, до того длинные, как змеиные языки; знатная церковь.

А у дома, широкого, в одно жилье, — площадка, и туда смотрел народ, и оттуда шел человеческий голос. И Якову сказали, что это плясовая площадка. И он долго не мог понять, какова площадка. И Якову все пальцем туда показывал какой-то человек и, не глядя на него, дергал за рукав и говорил: "Во-Во-во! вот он! закрутился!" А понимающие люди, из канцеллистов, смотрели смирно и строго, со знанием.

Там плясал человек.

На площадке стояло деревянное лошадиное подобие. Шея длинная, бока толстые, ноги и морда малые. А спина острая, и было видно на воздухе, какая она тонкая — как нож; над ней самый воздух был тонкий. И вокруг этой монструозной лошади были вбиты в землю колья, ровные, тесаные, с острыми

174

концами, и густые, как сплошник, как сосновый лес. А на них плясал человек.

Человек был разутый, босой, на нем только рубашка, и он ходил по кольям, по бодцам, и корчился, припадал, потом опять вскакивал. А вокруг частокола стояли солдаты с фузеями, и человек подбежал к краю и пал на колени — на те острия, — а потом с великим визжанием и воем вскочил на ноги и о чем-то просил солдата. Но тот взял фузею наперевес, и человек снова пошел плясать.

И Яков подвинулся поближе. Сосед сказал ему, что этот пляс военный и сторожевой, для винных солдат. Тогда шестипалый подошел еще ближе и видел, как сняли солдаты того человека с кольев — осторожно, неловко, как берут на руки детей, — и так посадили на лошадь. И видел, как держится человек руками за ту длинную деревянную шею, как те руки слабеют.

И как слабеют руки — опускается человек на острую спину и воет и лает дробно. И так, сказал Якову канцеллист, он должен сидеть полчаса, тот винный солдат. А баба—калашница ходила и продавала калачи, она сказала, что солдат провинился, украл или у него украли, и вот пляшет, — и она улыбнулась, калашница, еще молодая. И когда те голые руки обнимали шею, — было видно, как устроена человеческая рука, какие на ней ямины. Он сидел на остром хребте и прыгал вверх, а кругом мальчишки похохатывали. Оттого площадка и звалась плясовая. А раньше площадка называлась: пляц, пляцовая площадка, и только когда на ней начали так плясать, стала зваться: плясовая. Мать подняла ребенка, и он смотрел на солдата и пружился и тпрукал.

— А за что ему такое большое битье? — спрашивал Яков.

— Это не битье, это учение, — сказал канцеллист.

И другой подтакнул:

— Так дураков и учат, из фуфали в шелупину передергивают.

А когда сняли солдата и положили его на рогожку, Яков подошел совсем близко и увидел: лежал и смотрел на него Михалко, его брат. Отбылый из службы солдат Балка полка. Сторожевой команды. А лицо его было худое, глаза переменились в цвете. И те глаза были умные.

И Яков прошел мимо брата, как и все проходит, как проходит время, или как проходят огонь и воду, как свет проходит сквозь стекло, как пес проходит мимо раненого пса — он тогда притворяется, что не видел, не заметил того пса, что он сторонний и идет по своему делу.

И пошел в харчевню, в многонародное место, где пар, где люди, где еда.

3

Он сидел перед большими зеркалами, потому что сегодня был высокий день рождения и потому что уже публично и обще снят траур, и он хотел одеться на вкус своего великолепия.

Он сегодня хотел быть особенно хорошо одетым. Он сидел тихо и посматривал в зеркала взглядом пронзительным, истинно женским, без пощады к себе, но и с исследованием достоинств. Не было красоты, но сановитость и широкость в поклоне и здравствовании. Он разделся весь, и двое слуг натерли его спиритусом из фляжки. Посмотрел в зеркала — и кожа была еще молода.

Накинули сорочку тонкого полотна с рукавами полными, сложены мелкими складками, а к ним кружевные манжеты на два вершка, и руки в них потонули.

Потом натянули чулки зеленого персидского шелка и стали, возясь на коленках, управлять золотые пряжки на башмаках.

А когда надели камзол, он слуг выслал и оставил одного барбира. Он сам продернул кружева в галстук в три сгиба и пришпилил запонкой, с хрустальным узелком. Сам наладил под мышками новый кафтан. Сам опоясался золотым поверх кафтана поясом. Тут барбир надел ему на голову парик взбитый, лучших французских волос. И тогда принял, смотрясь в зеркало, лицо: выжидание с усмешкою.

Надел перстни.

На нем был красный кафтан на зеленой подкладке, зеленый камзол и штаны и чулки зеленые.

И взял в одну руку денежные мешочки, шитые золотом, — для музыкантов, а в другую — муфту перяную, алого цвета.

Это были его цвета, по тем цветам его издали признавали иностранные государства. И кто хотел показать ему, что любит его или держит его сторону, партию, тот надевал красное и зеленое. И почти все были так одеты, на одну моду.

И он поехал во дворец и почувствовал: как от тельного спи—ритуса и роскошества он помолодел и у него смех на губах играет, только еще не над кем шутить.

Сначала — разговор тайный, чтоб ягужинское дело разом кончить, — а потом веселье с насмешками и с венгерским горячим. А Пашке он на дом тут же пошлет сказать арешт и с высылкой.

А и ветерок повевает в лицо, ай—сват—люли!

Избудет дела, тогда в Ранбове сделает каскады пирамидные.

Так, с высоким духом и с радостью, приехал он во дворец и прошел с той перяною муфтою, как птицею, в руках — по залам, а ему все кланялись в пояс, и он видел, у кого хоть мало шелк на спине или в боках истерся, — это он нес свой поклон ее самодержавию.

Но когда донес уж свой поклон, увидал, что возле нее стоит Ягужинский, Пашка.

И тут герцога Ижорского несколько отшатнуло. А Пашка нашептывал, а Екатерина смеялась, и госпожа Лизавет хваталась за живот, такие жарты он им говорил.

Но отшатнулся герцог Ижорский всего на одну минуту — он был роскошник и никогда не терял своей гордости, он усмехнулся и подошел.

Тут встала Екатерина и взяла его за руку, а госпожа Лизавет взяла Пашку, и, подведя друг к другу, заставили целоваться.

Пашкин поцелуй был прохладный, а герцог в воздух громко чмок и только нюхнул носом Пашкину шею.

Когда обошел?

И тут же быстро, как он умел, потому что был роскошник и быстрый действователь, — бросил думать, чтобы сослать Пашку именно к самоедам или в Сибирь, — а можно его с почетом и не без пользы — послом в Датскую землю или куда-нибудь, может, и поплоше, но только подальше.

И сделал герцог Ижорский музыкантам ручкой и бросил им денежный мешочек.

Тут фагот заворчал, как живот, заскрыпели скрыпицы, и вступила в дело пикулька.

И герцог Ижорский, Данилыч, засмеялся и прошел по зале той птичьей, хорохорной, свободной поступочкой, за которую его жена любила.

Он закрыл до половины свои глаза, заволок их, от гордости и от уязвления. И глаза были с ленью, с обидой, как будто он сегодня уклонился в старость, морные глаза.

Он все бросал музыкантам свои перстни, и ему не было жалко.

А потом сел играть в короли с Левенвольдом, с Сапегою и с стерманом, взял сразу все семь взятков и стал королем.

Остерман сказал ему вежливо — снять, а он посмотрел на

него с надмением и усмехнулся, ему стало смешно. Он знал, что не нужно снимать, а нужно сказать: "Хлопцы есть". Но на него нашла гордость, смех, ему ничего не было жалко, и он снял.

Тут все засмеялись, и он все, что взял, — отдал другим. И Остерман смеялся так, что смеха не слышно было: замер. А ему было смешно и все равно, и он сделал это от гордости.

А Ягужинский, Пашка, тоже был весел. За него запросили, его отмолили, он знал это дело, мог рассказывать веселые штуки. Рассказывал Елизавете про Англию, что она остров, а госпожа Елизавет не верила и думала, что он над ней смеется. Потом стал рассказывать про папежских монахов, какие они смешные грехи между собою имеют, и все со смеху мерли. Он пошел плясать. И тоже бросил музыкантам кошель.

Он плясал.

А победы не было, он плясал и это понял.

Придет он домой и ляжет спать. Жена его умная, она его помирила. Она щербатая.

А поедет он, Пашка, в город Вену, и там метресса, та, гладкая.

Ну и приедет к нему и ляжет с ним, и все не то.

Он понимал, что выиграл, все выиграл, и вот нет победы. А отчего так — не понимал.

Он плясал кеттентанц. Пистолет—миновет, что сам хозяин любил, больше не плясали. А плясали с поцелуями, связавшись носовыми платками, по парам, и дамы до того впивались, что рушили все танцевальные фигуры и их с великим смехом отдирали. А многие так, с платком вместе — и валились в соседнюю камору; там было темно и тепло.

И плясал Ягужинский.

Делал каприоли.

Он свою даму давно бросил, и глаза у него были в пленке, и он ими не глядел, а все плясал.

Он плясал, потому что не понимал, почему это нет победы? Отчего это так, что он выиграл и опять, может, войдет в силу, а нет победы?

И увидит опять шляхтянку из Вены, глаза неверные, губы надутые, и ляжет с нею — и все не то? И это совсем другое дело.

Это морготь, олово, ветки — и старая жена убежала опять из монастыря, дура, и, задравши подол, пляшет там вокруг дома. Эй, сват—люли!

И гости надселися от смеха и все казали пальцами, как пляшет Ягужинский. Кружится, вертится, сбил мундкоха с ног, всем женщинам на шлепы наступает, выпятил губы — так вдался Ягужинский в пляс.

А он вдался в пляс и плясал, и потом кончился этот вечер, апреля 2-го числа 1725 года.

4

В кунштка́море выбыли две натуралии: капут пуери No 70, в склянке, ее двупалый выбросил в окошко, и с пуером, в день обмана первого апреля, так, с дурацких глаз, взял да и выбросил. Он видел, что другие тащат оленя и сибирских болванов, вот он и пустил младенца в окно.

Выбыл монстр шестипалый, курьозите, живой.

Две большие скляницы со спиртами, что привезли к вечеру 2-го дня в кунштка́мору из Выборгских стекольных, по светлейшему повелению, стояли праздны.

А двупалые выпили из одной склянки спиритус — размешали его пополам с водою, на это ума у них хватило. Они были в великом веселье, и ходили, толклись, смеялись, хмыкали, а потом стали плясать перед восковым подобием, и так неловко, что оно встало и указало им: вон.

И неумы ушли к себе, гуськом, смирно. Им было весело и все равно.

А воск стоял, откинув голову, и указывал на дверь.

Кругом было его хозяйство, Петрово, — собака Тиран, и собака Лизета, и щенок Эоис. У Эоиса шерстка стояла.

Лошадка Лизета, что носила героя в Полтавском сражении, с попоною.

Стояли в подвале две головы, знакомые, домашние: Марья Даниловна и Вилим Иванович. А у Марьи Даниловны была вздернута правая бровь.

Висел попугай гвинейский, набитый, вместо глаз два темных стеклышка.

Только не было внучка, его выбросил в банке псум, в окно, того важного, золотистого.

Лежало на столах великое хозяйство минеральное.

И все было спокойно, потому что это была великая наука.

А у Марьи Даниловны все еще была вздернута бровь.

Стоял в Кикиных палатах, в казенном доме воск работы знаменитого, всем известного мастера, господина графа Растреллия, который теперь невдалеке, тоже по Литейной части, спал.

А важная натуралия, монструм рарум, шестипалый — выбыл; это был убыток, и его велено ловить.

179

Шестипалый стоял теперь в одном доме, у полицейской жены Агафьи, где был тайный шинок, возле тайных торговых бань; и бани и шинок были для одних закрыты, а для других открыты.

И в это время шестипалый сидел и рассказывал, а напротив него сидел Иванко Жузла, или Иванко Труба, или Иван Жмакин, и оба были трезвые.

— Наука там большая, — говорил шестипалый, — большая наука. И конь там крылат, и змей рогат. И наука вся как есть уставлена по шафам; те шафы немецкого дела и деланы в самом Стекольном городе. Камни честные — те в шафах замкнуты, чтобы не покрали, их не видать. А другая наука — та вся в скляницах, винных. И вино там всякое: есть простое вино, есть двойное вострое.

И Иван ему завидовал.

— Привозили из немцев, — говорил он, — корабль голландский — я помню.

— А главная наука — в погребе, в склянице, двойное вино, и это девка, и у ней правая бровь дернута. И никто в анатомиях не знает, для чего та бровь дернута.

И Иван сомневался:

— Для чего правая?

А потом собрались, и шестипалый расплатился с хозяйкой. А когда они уходили, к ним пристал один кутилка кабацкий и сказал, чтоб стереглись рогаточных и трещотцых людей, потому что они близко, и чтоб лучше домой шли.

Тут Иванко сощурил глаз, схватил кабацкого человека за шивороток и усмехнулся.

— А была бы, — сказал Иванко, сощурившись, — по кабакам зернь, да была бы по городам чернь, а теперь мы пойдем подаваться на Низ, к башкирам, на ничьи земли.

И ушли.

180

ПОПУГАЙ БРУКСА

(Из чарицких хроник)

Брукс вступил в Чарицу в 1893 г., мая 2-го. За спиною — шарманка, рядом — жена, маленькая блондинка. Они останавливались у крылец и заходили во дворы. Крошечный Абка Боз рисковал потерять свой единственный штан, вереща и кружась.

По крайней мере двадцать отборных мальчишек бесновались вокруг, утопая в соплях. Брукс вертел ручку, а жена пела резким голосом эстонские песни, вроде:

— Калэ—малэ—полэ—нолэ.

Потом Брукс поворачивался на своих толстых ножках и говорил хрипло, как бы по-эстонски:

— Кулэ—мулэ.

Романс прекращался. Брукс поводил красными белками, срывал шапку и протягивал свою почти деревянную ладонь без всякого выражения. Был близорук и не замечал мальчишек. Только раз, когда Абка Боз, приоткрыв рот, протиснулся с самому лицу, Брукс метко ударил его культяпкой. Абка стал серьезным, захромал к канаве, присел на корточки и начал бессмысленный рёв. Старухи выскочили из кухонь с мутовками в руках.

— Колэ—молэ? — тревожно спросила жена.

— Мулэ! — гаркнул Брукс.

Поселился на границе Америки и Яснопольской.

Америкой звали "Новый свет". Там жили не американцы, а шарманщики. И лица других свободных профессий.

Впрочем, этот дебют Брукса помнил лет через десять разве только Иосенька—Паскудник. До конца жизни сидя на своем высоком крыльце, обращался к прохожим с астмическим свистом:

— Кто там идет? Неужели Брукс-хегдеш? А где его шарманка?

Иосенька—Паскудник, задыхаясь от старости и жира, знал, что шарманки давным-давно нет. Вместо неё — мануфактурная лавка с красным лоскутом на дверях, а потом — вместо лавки — магазин на Большой Александровской с вывеской из единственного слова:

БРУКС

По-немецки.

Потому что Брукс пришел из Эстляндии.

И хотя ни один человек с Яснопольской улицы не читал по-немецки, — от этого слова подгибались колени.

Кроме того, внутри висела вывеска поменьше:

PRIX—FIX

Приксфикс был виден сквозь приоткрытую дверь. Он мерцал шершавым золотом на гладкой черни.

Были еще синие очки, за ними поместились красные белки, выражения которых не видела Чарица.

Направо в магазине стояла будка с прекрасной решеткой-окошечком и веселой белой машиной, которая звенела от каждого гривенника и сплевывала белый билетик..

Налево стояла M-me Брукс. Она больше не пела. Она стояла в магазине, толстела и посматривала кругом. И когда кричала как бы калэ-малэ-полэ-нолэ, — это уже не было эстонским романсом. Старший приказчик задумывался и вытирал лысину, а младшие, в глубине, перемигивались... почти незаметно, как будто из глаза в глаз перескакивала иголка.

В глубине, за аркой, стоял сам Брукс.

Стоял на культяпках, за приксфиксом.. Был близорук, и приказчики могли перемигиваться. Он знал, что ему делать. Выкатывался на шарнирах из левого угла и сразу уловлял нужного человечка.

Протягивал вперед красную короткую руку. И придвигался к человечку вплотную.

Нужный человечек бледнел и блек. Лопотал об отсрочке, но в конце. концов поджимал живот и уходил неестественно прямой, выпотрошенный.

А Брукс шел либо направо — к кассе, либо налево — к жене.

Десять маленьких гривенников дают рубль. Десять маленьких векселей равняются одному большому. Десять домов составляют. переулок. Шарманки не было на свете. Зато появилась воспитанница M-me Брукс, точная копия ее молодого портрета, когда она еще пела, но в суженном виде.

В пятницу вечером, в лучах заката, по Большой Александровской рассыпались кучки гуляющих балабасов. С руками, заложенными за спину, с животами, для кредита поданными вперед, и с барабанами тугих жен. Воспитанница шла, как нанятая, бок о бок с чугунным бюстом M-me Брукс.

Иосенька—Паскудник вещал, как с амвона, со своего высокого крыльца, задыхаясь:

— Кто там идет? Неужели сама Бруксиха со своей мамзертой?

Вдобавок появился брат — совсем из другой оперы. Брат был выше, уже, носил усы и фетровую шляпу. Это была уже как бы культура.

Звали его Израэль. И второй мануфактурный магазин имел вывеску "Израэль Брукс" — два слова по-немецки. Но .два слова читал тот, кто знал немецкий язык. А те, кто не знал, читали только "Брукс", — и этого было достаточно...

Незаметно завелся попугай, наполнявший остроумием квартиру. О попугае Иосенька знал отлично, но говорил довольно равнодушно:

— Что, у Брукса остался только попугай? А где его морская свинка, которая вытягивала билетик?

Чистейшее балагурство, понятно: о морской свинке не могло быть и речи. Если только она вообще когда-нибудь существовала.

Попугай сентиментален. Ему верных двести лет или, по крайней мере, столько, сколько M-me Брукс... Но вёл он себя как маленькая девочка.

У Брукса бывали гости. Приходил Лацкер с волосатыми руками, который рос, и с сизым носом. Приходил Луфт, который шел под гору. Пили чай. Луфт вонял сигарой. Жёны болтали о прислуге и ели редьку в меду. Лацкер, Луфт и Брукс играли в карты. Проиграв два рубля, Луфт сердился и во всём шёл наперекор. Наступала очередь попугая. Открывали клетку, и попугай начинал фокусы. Иногда, довольно редко, он сбивался с правильного пути на эстонские романсы:

— Калэ—малэ—полэ—нолэ. — И получал по холке.

А всегда говорил:

— Папочка, поцелуй мамочку!
— Папочка, почеши попиньке головку!
— Откройте двери! Там звонят!
— Здравствуйте, дорогие гости!

Хозяин тоже знал свою роль. Когда попугай просил папочку поцеловать мамочку, Брукс молчал и смотрел на попугая так, будто у того просрочен вексель.

M-me Брукс смеялась круглыми смешками, которые катились один за другим, как фальшивые гривенники.

Но когда попугай просил папочку почесать ему головку, Брукс крякал и просовывал красную руку в клетку. Попугай уклонялся от его ласк.

Лацкер любил знания, читал календарь Сытина и замечал по поводу попугая, что в Америке заговорила уже собака и все профессора со всего света поехали, чтоб ее вскрывать.

Луфт, не расположенный к глупостям, науку считал либерализмом. Поводил головой вправо и бурчал:

— Ничего особенного. Попугаи всегда разговаривают. Кто этого не знает?

В 1903 г., июня 2-го, вечером, пришел к Бруксу, с черного хода, Гицель—собачник. Гицель жил в центре Америки. Молодость провел чуть не в Сибири. В среднем возрасте появился в Чарице. После чарицкого погрома, происшедшего без особого подъема в 1902 году, сшил себе шубу, неизвестно из каких средств, — может быть, скупал грабленое. Он мог чистить отхожие места, когда в этом была особая надобность.

Сидел по обвинению в притонодержательстве, но его оправдали. Имел клочковатую бороду. Ходил в раскачку. Всё очень быстро на нем паршивело, и его шуба от 1902 года обносилась и зашарпалась у всех на глазах в течение какого-нибудь месяца.

Израэль Брукс — представитель западной культуры — мог еще принять Гицеля из либерализма. Но у самого Брукса не замечалось культурных устремлений. Принимать у себя. Гицеля было ему ни к чему.

Брукс принял Гицеля. В этот день и час, как выяснилось впоследствии, жена и воспитанница ушли в гости. Прислуга, в припадке социального чувства, была отпущена.

Брукс принял Гицеля в кабинете. Меньше всего волновался Гицель. Пришел в кабинет, как ходил на охоту, — в раскачку. Сел в кресло, как будто только на нем и сидел. Махнул клочковатой бородой. Сапоги поставил без предосторожностей на ковер — персидский или, может быть, лохматый, под медведя. А на Брукса смотрел так, будто он, Брукс, — обыкновенная собака без ошейника.

Через две недели Брукс случайно уехал в Москву на два дня за мануфактурой от Цинделя и, вероятно, Моэса. И как раз в его отсутствие разразилась большая неприятность: сгорел склад на Солдатской улице. Двухэтажный, с заколоченными окнами. Серый от дождя, он мозолил глаза. Абка Боз охотно гадил возле него.

В 1903 г., июня 16—го, двухэтажный деревянный дом, с двенадцатью заколоченными окнами по фасаду, вспыхнул легко и весело и с треском сгорел до конца. Тевка Вайсблюм в полной пожарной форме прибыл на место происшествия со всей пожарной командой.

Кони стояли, били ногами и дышали паром, как на картинке, но ничего не могли поделать.

Тевка Вайсблюм был прирожденным пожарником: без пожаров зачах бы и умер. Но чтобы что-нибудь потушить, Тевка должен был рассердиться,— выбить все стекла в доме, который горел. После этого проделывал фокусы, и часто убытки ограничивались разбитыми стеклами, особенно если тревога ложная. В более серьезных случаях Тевка Вайсблюм прибегал к спасению вещей.

Если загоралось в первом этаже и огонь еще не затронул второго, бежал именно во второй — спасать вещи. Брал из шкапа посуду — целыми дюжинами — и бросал вниз. Внизу поджидала толпа мальчишек, и Абка Боз кричал взволнованным голосом: "Пожарник сгорел!" Сервиз разлетался. Тогда Тевка показывал какие угодно фокусы и в полчаса отстаивал дом или, по крайней мере, соседние дома.

Но в одиноком двухэтажном доме окна были заколочены. Дом горел так свободно и добросовестно, как будто ему платили деньги. Дом сгорел, и Тевка во главе пожарной команды с рёвом и звоном промчался по всему городу, хотя до депо была очень короткая и спокойная дорога — Большая Морская улица, проехать которую из конца в конец можно и в три минуты.

Абка Боз принимал в пожаре участие. Пхал кулаком конские морды, качал воду, кричал, поливал из кишки девиц, которые визжа разлетались во все стороны, как Тевкины сервизы. На обратном пути даже взгромоздился на одну из Тевкиных колесниц. Веснушки наияярчайше сияли, а бельмо на правом глазу было очень уместно во всей этой неправдоподобной картине.

Гицеля на пожаре не видели. Но Харота присутствовал. Харота был великосветский сыщик. На глазах у всех подходил к околоточному прикурить, был габо в синагоге и занимался вплотную общественными делами.

С Бруксом они поссорились, и это был главный пункт, с которого всё началось.

Вслед за тем через какую-нибудь неделю в ахсанию Шкоца заехал очень рыжий господин в пенсне — что-то такое главный инспектор общества "Первая Российская Страховая Жизнь". И прямо пошел к исправнику.

То было время маневров, колебаний и веяний — смена правительственных стилей. Огромную, до безобразия не соответствующую основным задачам, деятельность развила пожарная команда, где обнаружилось недовольство Тевкой и

185

происходили собрания с закрытой баллотировкой. Доктор Пасвольский говорил о бесплатной библиотеке. В Америке Кто-то кого-то избивал, и не просто, а оглоблями.

Пан Рыпейко, бывший в интеллигентах у исправника, уловил среди веяний, что надо что-нибудь предпринять, как бы чего не вышло. Исправник ощутил легкое головокружение, точно сделал какую-нибудь крупную подлость, хотя ничего такого в данное время еще не сделал. Он знал по опыту, что это и есть чувство государственности.

Взяли Гицеля. То, что Гицеля взяли, вполне нормально: падения лианозовских не вызвало. Гицелю сесть за решетку — плёвое дело.

Но в ту же ночь явились к Бруксу и взяли Брукса.

БРУКС БЫЛ ВЗЯТ.

Таков результат пожара.

Брукса одели в полную арестантскую форму и повели на допрос. Мальчишки неслись молча и мерно вокруг, вздымая пыль и не спуская глаз. Впереди бежал совсем маленький, — кривлялся, забегая вперед, ходил на руках, а в свободное время кричал:

— Брукс — араштант!

Брукс шел торопливо, как будто спешил описывать чужое имущество. Руки, как лишние, заложил за спину.

Старухи с явным лицемерием вздыхали, качали головами и быстро успокаивались. Рохха, сидевшая двадцать лет перед зеркалом и проверявшая в нем свой страшный вид, с робким смехом закивала из окошка. Иосенька—Паскудник вещал со своего амвона:

— Смотрите, как чествуют Брукса. Это же чистый юбилей его музыкальной деятельности.

Но с Бруксом не всё было кончено. Главный вексель не протестован. Оставались: M-me Брукс и попугай, не считая воспитанницы.

M-me Брукс вспомнила последовательно: 1) лоскут на двери лавчонки, 2) старую шарманку. И развила деятельность. Воспитанницу засадила в кассу: в такой момент чужие люди всегда готовы воспользоваться. Воспитанница сидела в будке, как попка в клетке, сплевывая билетики, как автомат.

M-me Брукс разъезжала на двух извозчиках сразу: глухом Менделе и латыше Андрю.

Как только M-me Брукс выкатывалась на шарнирах из двери, начиналась глухая конкуренция. Андрю старался объехать Менделя, чтобы подать первым. Но у глухого Менделя — особый формальный прием: осаживал назад, лошадь оседала всем корпусом, сжималась до минимума, — и M-me Брукс оказывалась аккурат вровень с драной менделевой пролеткой. Глухой Мендель побеждал, потому что у него крепче нервы. M-me Брукс посетила таким манером следователя, исправника, товарища прокурора и даже доктора Пасвольского.

Исправник сегодня говорил да, а назавтра, свидевшись с паном Рыпейко, — нет. Прокурор холоден, как мраморный умывальник. Доктор Пасвольский кричал, что весь пожар на Солдатской улице — чистый антисемитизм, ничего больше. И ощущал легкое головокружение, близкое к подлости. То было знакомое ему чувство общественности.

А попугай способствовал кредиту. После обеда клетку ставили на балкончик, из лавочки приносили сифон сельтерской с желтым сиропом. M-me Брукс с воспитанницей полупублично ее распивали. Попугай исполнял свой интимный репертуар. M-me Брукс показывала свои фальшивые гривенники. Приксфикс существовал. Ого, в случае чего — даже вывески не пришлось бы менять! Попугай был штрих в кредитоспособной картине.

Когда M-me Брукс садилась на своих извозчиков, а воспитанницу запирали в клетку вытаскивать билетики, — попугая оставляли на балконе подышать чистым воздухом. Человек, открыто занятый попугаем, находясь под обвинением в поджоге, по меньшей мере невинен. То была неявная, нелегальная программа, но программа.

Однако Абка Боз не подписался под этой программой. Он относился к попугаю, как всякий уличный мальчишка с нулевым образованием. Попугай оставался один, и у балкона взад и вперед маячило Абкино бельмо. Тихо. Посредине улицы лежала бродячая собака, вытолкнув пламенный язык, и намеренно качала головой от жары. Абка устанавливал бельмо прямо перед балкончиком. Попугай подвижно смотрел на Абку черными кофеинками.

Две минуты на удивление: Абка удивлялся попугаю. Моментально поднимал с земли камешек и пускал. Жалкая собака видела все, но из лени и условного рефлекса, выработанного в ней Абкой, притворялась, что не видит. Городовой далеко. Три лавочника, угасавших от скуки на соломенных стульях, следили с одобрением. Попугая мало кто любил на улице, его невольно считали чуть ли не Бруксовским наследником.

Чтобы подлизаться к Абке, попугай моргал кофеинками, ждал самой худшей пакости и заводил свою старую шарманку:

— Папочка, поцелуй мамочку!.. и т. п.

Абка, затаив дух, пускал второй камешек. Попугай орал уже не по сентиментальному, а на родном языке. Он смутно вспоминал старую обезьяну, которая сто лет назад подохла в Африке. Со второго сеанса стал смирнее, чем кролик.

Приниженная, заблудшая собака, не глядя в Абкину сторону, начинала ворчать. Абка с изумлением смотрел на терроризированного попугая, прижавшегося к задней стенке. Переживания его были такие же, как у всякого уличного мальчишки, который бьет длинным прутом лягушку, а потом смотрит, не дыша, на ее белое брюшко и убегает стремглав, только через минуту догадавшись издать радостный и скверный крик.

Подчиняясь древнему инстинкту, Абка хватался руками за край балкончика, лупил бельмо на попугая, скрежетал, булькал и шипел:

— Рррр. Тр... Сволочь... ссс... я тебе дам... ух ты... я тебе покажу папочку... хррр... твой папочка — араштант... ух... аррраштант... Брукс — араштант...

Абкино шипенье разражалось в безобразном и беспредметном вопле. Животы лавочников мерно качали цепочки из ней—зильбера.

Приблудная, обездоленная собака вскакивала и, поджав хвост, мерно уносилась в переулок.

Гибель попугая была обеспечена. Он молчал, сидел расстроенный и изредка открывал клюв. Перышки, как на метелке, пошли в разные стороны.

M-me Брукс не теряла времени и создала легкое неофициальное головокружение. В день процесса присяжный поверенный Карабчевский запел, как Шаляпин. Не было ни керосина, ни соломы, ни огня. Вряд ли был пожар. Дом на Солдатской улице — мнимая величина. Гицель существовал в минимальной мере.

Товарищ прокурора был неуловим. Присяжный поверенный Карабчевский гремел как соловей. В результате остался Брукс — и больше ничего. Брукс был нагляден. Его выпустили на все четыре стороны. Даже Гицеля выпустили. Пока что ловить собак. До поры до времени. Пан Рыпейко получил от исправника горький взгляд за неточную информацию о веяниях.

Существовал приксфикс — золотой на гладкой черни.

Абку Боза смело. Он пропал из виду — играл в блейки на

188

Яснопольской улице. Был у него сподручный — маленький, черный, как уголь, мальчишечка, который благоговел перед Абкиным бельмом, желтыми ногтями, веснушками громадной величины.

Абка клал блейку и задавал тройку так, что блейка летела через все заборы, чёрт знает куда. Мальчишечка шел за ней, перелезал под жгучим солнцем заборы, рвал на себе штаны. Абка владел им безраздельно. Потом Абка, посвистывая, мурыжил мальчишку, и тот скакал на одной ноге пятьдесят и сто пятьдесят раз, и Абка его обсчитывал.

Попугая тоже смело, его взяли с балкона. Сифон, по всей вероятности, распивали в комнате.

Зато M-me Брукс приготовила мужу хороший семейный вечер — интеллигентные игры, ужин с граммофоном. Пригласили не только Луфта и Лацкера, но и Брафмана—пивовара и еще, и еще, и даже доктора Пасвольского. Пришел Израэль Брукс- явление западной культуры. Брафман—пивовар явился в тугих крахмалах.

Сначала все постеснялись немного и не знали, поздравлять или нет, как это бывает при благополучном разрешении внебрачным ребенком.

Но Брукс живо повернул руль. Он нисколько не изменился. Красен, как бурак, синие очки блестели, а ручки заложил за спину. Даже наловчился бормотать нечто вроде песенки, но выходило крайне фрагментарно.

А когда взял в руки карты, то перестал и бормотать. Руки как руки, взятки как взятки, и Брукс, и приксфикс. Все, как в аптеке.

Играли в преферанс. Для искусства, идейно. Без напора на обыгрывание или подсиживание, или шантаж. Луфт в этот вечер выигрывал, а Лацкеру записать пару куриц — легкая гимнастика. Луфт отрывался от сигары, вонявшей, как фабричная труба:

— Ага! А что будет вот с этого? — Со стуком выкидывал карту. — С этого будет польза.

Лацкер, которого Луфт шантажировал, не поддавался:

— Хорошо, хорошо. Где-то вы поете, а где-то сядете.

Израэль Брукс кипятился, но в интересах науки:

— Это чистое сумасшествие. Покупает девять, а в руках молодки. Я не знаю, но такого человека сажают в сумасшедший дом.

Дамы, лоснясь, входили в подробности съеденного. M-me Лацкер, молодая обжора, щебетала, что редька в меду берет ее за язык, а клубника — она чувствует — сходит прямо в желудок.

189

Пивоварша была сплетница и отозвалась между прочим, что у Коганов уже убрали из спальни вторую кровать. Сам Коган будет спать в гостиной.

В это время Луфт поцапался с доктором. Луфт лечился у старого шарлатана Рабчика и был бестактен. Приставал к доктору Пасвольскому с пузырем и почками. Доктор Пасвольский разводил руками, а выражением лица тактично показывал, что он, как не лечащий врач, не имеет права, согласно врачебной этике, выражать свое мнение, притом без осмотра пациента и бесплатно, — так gratis и franko.

Будь Лацкер на месте Луфта, пошел бы на прием к доктору Пасвольскому и заплатил бы два рубля за диагноз... или замолчал бы и продолжал лечиться у шарлатана Рабчика. Но Луфт, старый нахал, пристал вплотную, а получая в ответ мимику, хоть и приличную, вдруг озлился при всех:

— Доктор, вы можете мне сказать одно слово? Я еще в состоянии заплатить за консультацию!

Это было оскорблением, потому что на дощечке у доктора Пасвольского как раз впервые в Чарице появилось удивившее всех выражение:

ЗА КОНСУЛЬТАЦИЮ 50%

Худо и то, что доктор Пасвольский растерялся, ответ промазал и разозлился уже не на одного Луфта, а и на Лацкера, и на Брукса, и на всех.

Как раз в это время отзвучала у дам тема когановской кровати. Была тишина. Брукс протянул ручку и сказал:

— Ну, ну... — Но вышло так, будто вмешался в драку шарманщиков.

M-me Брукс выступила на сцену одним движением шарниров. Пришла очередь попугая.

Закономерная связь событий. Большой скандал вызывает маленький, а маленький диалектически тянет за собою, если не большой, то крайне неприятный инцидент. Дело Брукс-Гицель было большим скандалом; Луфт — доктор Пасвольский — маленькой гадостью. Но через какие-нибудь три минуты, тут же на месте, сряду произошла дрянь, которая по совокупности оставила после себя крупный моральный осадок.

Эта третья дрянь была: m—me Брукс — попугай.

У m—me Брукс — верный прицел: пора восстановить семейную атмосферу. Значит, попугай. (О воспитаннице нет и речи, — она покрывалась при гостях потом и была неразговорчива).

M-me Брукс сказала:

— А где это наш попка?.. Что-то совсем замолчал!

— Ага, в самом деле, как поживает попугай? — сказал Лацкер, чувствуя себя неловко. — Давайте его сюда на живую руку!

Воспитанница выпустила попугая с такой живостью, как если бы клетка была кассой. Попугай сидел комком. Потом прыгнул на плечо к m—me Луфт, худой, острой и зеленой. M—me Луфт равнодушно стряхнула его, сказав:

— Фе.

Дело плохо. Попугай прыгнул на стол. Шел по столу, пошатываясь, как пьяница. Дошел до Лацкера и закрыл глаза. Все смотрели на него.

— Он болен, — решил Лацкер. — Смотрите, какой вид! Что это с ним? Простудился?

— Если простудился, — вступил Луфт, — мы попросим доктора его вылечить.

Сказано примирительно. И почки, и пузырь, и сердце у старого Луфта отходчивы... Но доктор Пасвольский принял это за новое нахальство:

— Извиняюсь, я не лечу попугаев. Ни от почек, ни от пузыря. Я не ветеринар.

Лацкер хихикнул, но тут же смолк. Луфт двумя пальцами отнес от себя вонючий огрызок сигары. Вспомнил молодые коммивояжерские времена и приготовился матюгнуть интеллигенцию. Положение опять обострялось. Позвать в дом известного общественного деятеля только затем, чтобы выругать,— невесело.

Попугай сидел на столе с закрытыми глазами и молчал M—me Брукс ткнула его пальцем и с угрожающим видом ласково попросила:

— Попочка, отчего ты ничего не говоришь? Ну? Скажи что-нибудь? Посмотри, ведь папочка вернулся... Папочка вернулся...

Попугай открыл свои кофеинки. Сначала одну, потом другую.

Брукс протянул ручку, чтобы погладить попочку по головке. Попугай покачнулся и лег на бок.

Несколько раз разевал клюв. В мечтаниях видел одну обезьяну, которая подохла верных двести лет назад.

M—me Брукс, извиняясь голосом, сказала:

— Я не понимаю, что с птицей. Надо дать ей горячего чаю. — И поднесла блюдце к самому клюву.

Луфт буркнул:

— Видать, уже получил свою консультацию...

191

Доктор Пасвольский поперхнулся имбирем, который жевал из одного приличия.

Вдруг попугай открыл клюв и сказал шипящим голосом:

— Ссс... сволочь... Ух ты... Не ерунди там... Твой папочка — араштант... Брукс — араштант...

И сразу, как автомат, Брукс протянул свою красную руку. Схватил попугая за голову.

Попугай укусил его и заорал пронзительно:

— Хрр... араштант! — Потом свистнул и высунул язык.

Брукс стоял перед гостями, вытянувшись во фронт посередине комнаты, красный, как бурак, и в такой статуарной позе душил изо всех сил дохлого попугая.